北京市教育科学"十四五"规划课题
——《基于生命教育理念的学校课程体系建设实践研究》成果

课程新雨露　润泽新生命

马　莉　编著

北京出版集团
北京教育出版社

编 委 会

编 著　马　莉

副主编　刘　茜　高明月

编　委　于凯旋　于洋洋　李　娜　封晓晴　高　歌

图书在版编目（CIP）数据

课程新雨露　润泽新生命 / 马莉编著. ﹣﹣北京：
北京教育出版社，2024.5
　　ISBN 978-7-5704-6146-2

　　Ⅰ. ①课⋯　Ⅱ. ①马⋯　Ⅲ. ①小学教育﹣教育研究
Ⅳ. ①G622.0

　　中国国家版本馆 CIP 数据核字（2023）第 253708 号

课程新雨露　润泽新生命

KECHENG XIN YULU RUNZE XIN SHENGMING

马　莉　编　著

出　版	北京出版集团	印　刷	天津和萱印刷有限公司
	北京教育出版社	版印次	2024 年 5 月第 1 版第 1 次
地　址	北京北三环中路 6 号		印刷
邮　编	100120	开　本	720 毫米×1000 毫米　1/16
网　址	www.bph.com.cn	印　张	10.5
总发行	京版北教文化传媒股份有限	字　数	176 千字
	公司	书　号	ISBN 978-7-5704-6146-2
经　销	全国各地书店	定　价	68.00 元

序

自 2007 年起，魏善庄一小开始进行生命教育的实践研究，学校生命教育经历了萌芽阶段、探索阶段、凝练阶段和深化阶段。"每个生命都精彩，世界因我而不同"的办学理念在老师中达成高度共识。自 2019 年开始，学校生命教育走入了深化阶段，我和干部教师们不断对生命教育的理论进行深入探索。如何深化生命教育的办学理念，顺应新时代发展的需求呢？经过深入的研究，我们认为，在日新月异的新时代，要拥有破旧立新的决心和革故鼎新的气魄，主动顺应时代变化趋势，精准把握未来方向，积极开展教育教学改革实验，为学生生命发展提供前行的动力源。而这一切的根本就是让生命走向新生命，赋予新内涵，培育新素养，打造新形象，如此才能成全不同的、精彩的新生命。

学校位于首都南中轴延长线与百年京沪铁路交汇处，是一所农村学校。学校一校四址，34 个教学班，学生 1109 人，教职工 90 人，市区级骨干教师 22 人。随着师资的补充，师资队伍呈现年轻化趋势，教师学历不断提升，具有较高的专业素养。学校虽为农村学校，但随着魏善庄镇建设的加快，随着人民生活水平的不断提高和视野的不断拓展，家长对子女享受优质教育的呼声越来越高，他们不仅关注子女的学习成绩，还更加关注子女的身心健康、个性发展和综合素质的提升。在探索与实践过程中，如何让生命教育的办学理念更加深化、学校内涵更加丰富、学校发展更加长远？我认为唯有用科研的手段进行课程建设，才能更加系统地梳理学校的全面工作。为此，我把课程建设作为学校发展的中心工作，申报并立项了北京市规划课题《基于生命教育理念的学校课程体系建设实践研究》，以此引领学校课程建设的发展方向。学校组建了课程建设专家顾问团，成立了语文、数学、英语和体育四个学科工作室，聘任市区级骨干教师作为工作室负责人，充分发挥其专业优势，引领各个学科的高质量发展，保障国家课程高效落实，切实提高学校教学质量，并顺应时代发展的要求和学校教育理念，积极进行课程的深入实施，立项了劳动、艺术、科技、体育等八个子课题，有效丰富了新生命教育体系的实践与研究。

在进行课程建设与实施的过程中，学校围绕"孕育一生良善、终身好学的新生命"的育人目标，确立了"生命每天都是新的"课程哲学，形成了以德扬善、以智启真、以体强身、以美修心、以劳立行的"五育并举"校园文化氛围，对学生进行有效的知识传播、情操陶冶、礼仪规范、习惯培养、个性雕琢，丰厚了校园文化底蕴，丰富了课程育人内涵。在办学理念与课程文化的引领与熏陶下，魏善庄一小教师不断进行着教与学方式变革的实践探索，大力发展特色课程建设，在学科融合上发力，在共同体建设上着手，形成了"教师善教、学生乐学"的教育新样态。学校先后承办了大兴区学科融合实践推进活动暨学校小农夫课程成果展、大兴区共同体建设项目展示等活动，使学校的课程建设落地有声，学生的综合素养得到有效提升。

教育是一项幸福的事业，听到竹节成长的声音，我们由衷地感到幸福和快乐。山花烂漫时，是我们行使教育使命，真诚地关爱孩子之时；孩子们快乐成长时，更是桃李满天下之时。

只有勤于探索，才能体会教育的幸福；唯有用心，才能感悟教育的真谛。在课程建设研究的道路上，离不开诸多专家领导的帮助与指导。在此感谢市区各级领导的大力支持，感谢北京教科院课程教材发展研究中心王凯副主任、北京教科院教育督导与评价研究中心陈慧英老师等课程专家的高位引领，感谢大兴区进修学校王永庆副校长、田娟副校长及大兴区进修学校小教研、课程中心、科研室全体成员的精心指导。

每一次探索实践都体现价值，每一份成果凝练都汇集智慧。这本《课程新雨露 润泽新生命》是全校干部教师一路艰辛与求索、耕耘与收获、坚持和不懈所取得的课程成果，但我们深知，它并不完美。研究在路上，我们将带着更加深入的思考与形成的宝贵经验继续坚实前行。

马　莉

2024 年 3 月

目　录

慧　思——高位推进

善　行——深入实践

慧
思

——高位推进

北京市教育科学规划课题
《基于生命教育理念的学校课程体系建设
实践研究》开题报告

课题负责人 马 莉

课题组成员：刘 茜 李许贞 孙 丽 高 歌 于凯旋 高明月 封晓晴
李 娜 陈志勇 程 阳 谢亚然

一、研究背景

近年来，生命教育日益受到社会各界的关注，尤其新冠疫情的暴发更是引起了国家、政府、教育部对生命教育的高度重视。2020 年 2 月，教育部办公厅、工业和信息化部办公厅联合印发的《关于中小学延期开学期间"停课不停学"有关工作安排的通知》中指出，要注重加强生命教育，这也是近年来教育部公开文件中首次提到生命教育。在这种背景下，学校如何进行生命教育这个问题值得每一位教育工作者探索。我校历来关注师生生命的健康发展，经过历任校长的思考与探索，"每个生命都精彩，世界因我而不同"的办学理念获得高度认同，然而如何以此理念为引领构建学校课程体系，使得生命教育理念以课程为载体落地生根，进而促进师生生命的高质量发展，还需要深入研究。

通过构建学校课程体系，解决生命教育在学校内实施过程中的随意化、碎片化，以及缺乏一体化设计的问题，促使教师在学校课程体系实施过程中转变教育观念、更新教育方式、提升教育专业能力和水平，培养学生尊重生命、关爱生命的意识，挖掘学生的生命潜能，提高学生的生命质量，为学生实现生命价值奠定坚实基础。

本研究将生命教育理念融入课程体系建设之中，探索生命教育理念指导下的课程体系构建的路径、方式，既可以解决学校现有课程体系不完善的问题，又可以在将生命教育理念融入国家、地方和学校三级课程体系的过程中，逐步形成学校的办学特色。

本研究有助于丰富和延伸学校生命教育的内涵,有利于促进教师对生命教育的纵深认识。课程体系的建设将会促进学校育人模式的变革,进而提升办学质量,形成办学特色。

本研究也有助于提高教师对课程内容和教学方法改革的主动性与积极性,助推教师的专业发展,使教师的职业幸福感得到提升。

课程的梳理及开发有利于拓展学生的知识领域,培养学生的创新精神和实践能力;生命教育理念的引领,有助于培养学生的个性,激发学生的学习热情,全面提升学生的综合素养。

二、文献综述

目前国内外关于生命教育的研究主要集中在生命教育的意义、内容和实施途径三大方面。研究者们普遍认为生命教育具有重要的意义,研究表明:生命教育不仅可以避免自我伤害或自杀行为的发生,还可以使受教育者尊重生命,肯定生命的价值与意义,并达成自我实现及关怀人类的目标。同时,生命教育也有助于揭示教育的真谛,有助于实施素质教育。关于生命教育的内容,外国的生命教育内容丰富,包含死亡教育、健康教育、品格教育、个性化教育、环境教育、生计教育、挫折教育等多方面,并取得了很好的成效。国内也有不少研究者对生命教育的内容进行了探索,可以分为三个层次:一是以生存意识教育为主要内容的关于生命的教育,如李永春在研究中提出搞好生命教育必须培养学生敬畏生命的心理意识;二是以生存能力教育为主要内容的基于生命的教育,如董新良在研究中提出要构建以生存教育、灾难教育、死亡教育、生涯教育为主题的生命教育内容体系;三是以生命质量提升教育为主要内容的为了生命的教育,顾明远教授认为,从生命发展的视角出发,教育的本质可以概括为提高生命的质量和提升生命的价值。对于生命教育的实施途径,不同的研究者有不同的主张,大体有以下几种:一是进行学科教育内容的渗透,如朱静江研究发现每个学科都可以适当融入生命教育;二是开展生命教育主题活动,如罗丽川进行了生命教育与小学德育主题活动相互渗透的实践研究,肯定了主题活动的实效性、针对性和有效性;三是通过创设生命化的校园文化建设,实现文化育人,如济南市新苑小学着重构建"学生、教师、家长、课程、管理、环境"六大文化体系,努力建设有色彩、有温度的生命化新优校园;四是开设生命教育校本课程,如江苏省淮安小学"生命加油站"校本课程,结合学校实际情况进行生命教育校本课程的开发与实施,丰富学校的生命教育内容。

肖川认为课程化是生命教育的主要抓手，只有将生命教育理念融入学校的课程，生命教育才有切实的保障和品质提升的可能。因此，对生命教育的研究发展到今天，需要开展以生命教育理念为引领的课程体系建设的实践研究。王火炬认为学校课程开发与建设是推进教育教学改革、实现办学目标的主要途径。要在课程标准的指导下，立足国家规定灵活地实施课程开发，并根据学校实际进行有效丰富和深化。晋江市磁灶中学结合学校开展的体验式生命教育办学特色，基于体验式生命教育的内涵和模式的构建，积极探索体验式生命教育的理念、载体、途径、主体、评价、目标等体系，使之成为学校的办学特色。

综上所述，生命教育课程化是实施生命教育的必经之路，然而现有的研究主要是从单一学科视角诠释生命教育现象，不能对生命教育的本质和规律进行深入、细致的剖析；部分学校虽在一定程度上通过专题教育或德育活动践行生命教育，但缺乏系统设计，不成体系，这直接影响着生命教育在学校的落实和践行。所以，构建生命教育理念下的学校课程体系，依托课堂教学主渠道实施，是生命教育得以落实的重要路径。

大量的文献研究表明，基于生命教育理念的课程体系建设具有可操作性和重要的研究价值，而学校坚持以生命教育理念引领办学特色将近 20 年，为本研究提供了坚实的研究基础。此外，本研究以学校校长为课题负责人，以主管学校教育教学全面工作的副校长、教导主任、科研主任及学科骨干教师为主要参与者，研究团队整体素质高、凝聚力强。本研究思路清晰，具有很强的操作性。

三、核心概念界定

生命教育：狭义的生命教育指的是对生命本身的关注，包括个人与他人的生命，进而扩展到一切自然生命。广义的生命教育是一种全人的教育，它不仅包括对生命的关注，而且包括对生存能力的培养和生命价值的提升。本研究中的生命教育是指以生命为核心，以教育为手段，倡导认识生命、珍惜生命、尊重生命、爱护生命、享受生命、超越生命的一种提升生命质量、获得生命价值的教育活动。

课程体系：指学校在宏观把握教育目标的基础上，在国家、地方、学校三级课程管理体制不变、国家课程设置不变、学生发展基础目标不变的前提下，对现行国家、地方课程内容进行适当整合重组，提高实施质量，依据学校育人理念、学生需要、校内外教育资源，进行校本课程、隐性课程的科学规划和建设，进而构建学生发展所需要的、具有学校特色的、融显性课程与隐性课程为一体的学校课程体系。

本研究中的课程体系聚焦两个层面：第一，将生命教育理念融入国家课程、地方课程和校本课程建构学校课程体系，目标指向学校教育的长远发展以及可持续的优质发展；第二，在构建课程体系的过程中优化课程的实施及评价方式，梳理三级课程在目标、内容以及资源上的相通之处，在实践层面实现合理融合，实现学段间贯通、学科间整合。

四、研究目标与内容（含研究假设和拟创新点）

1. 研究目标。

（1）构建基于生命教育理念的课程体系。

（2）探索基于生命教育理念的课程实施方式。

（3）形成基于生命教育理念的课程评价方案。

2. 研究内容。

（1）基于生命教育理念的课程体系建构研究。

根据学校"每个生命都精彩，世界因我而不同"的办学理念及"孕育一生良善、终身好学的新生命"的育人目标，在对学校学生的需求进行科学、系统评估的基础上，对国家、地方和校本三级课程进行整合，构建基于生命教育理念的课程体系。

（2）基于生命教育理念的课程实施方式研究。

在教育教学实践活动中探索基于生命教育理念的课程实施方式，在此过程中不断调整和优化课程体系。

（3）基于生命教育理念的课程评价研究。

在教育教学实践活动中开展基于生命教育理念的课程评价研究，最终形成基于生命教育理念的课程评价方案（课堂教学评价、学生综合素质评价等）。

3. 研究假设。

课题组认为，如果将生命教育理念融入学校课程体系建设中，将会助力学校生命教育的系统化实施，也可以促进学校育人模式的变革，提高教师进行课程内容和教学方法改革的主动性与积极性，改善学生的学习方式，提升学生的综合素养。

4. 拟创新点。

将生命教育理念融入课程，建构完整的课程体系，为生命教育从理念走向实践探索出一条可行的系统路径，即课程系统的建构、实施、评价，使生命教育在实践层面有可依托的载体。

五、研究思路与方法（含技术路线和实施步骤）

1. 研究思路。

首先，梳理国内外有关生命教育理论和实践的文献及课程建设的相关成果，设计生命教育理念指导下的课程体系框架。其次，在学校已有的生命教育实践的基础上实施课程，形成课程实施方式；与此同时设计课程评价方案和工具，实践中结合学校实际情况进行反思和调整，不断丰富和完善课程体系框架、课程评价方案和工具等。最后，形成基于生命教育理念的学校课程体系及其实施路径。

2. 研究方法。

（1）文献法：通过阅读相关书籍、检索数字图书馆、搜集相关论著和文章，了解课题相关理论知识和研究现状，为课题研究奠定理论基础；依据文献设计基于生命教育理念的课程体系框架。

（2）问卷调查法：设计问卷，对学生及教师进行调查，了解师生在课程实施过程中的转变。

（3）经验总结法：在学校课程体系建设的研究过程中，有目的、有意识地不断积累总结方法、策略，从而为课题研究积累研究成果。

（4）行动研究法：在实施课程的过程中不断调整、完善实施方式，并通过课程评价不断完善课程框架，在反复实践—反思—调整中完善课程体系。

3. 技术路线。

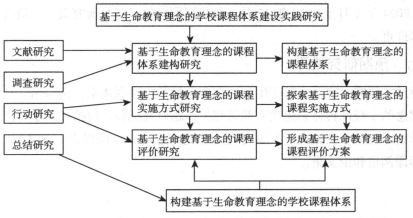

图 1-1　"基于生命教育理念的学校课程体系建设实践研究"技术路线

4. 实施步骤。

（1）准备阶段（2021年2月至6月）：查找文献，学习文献，构建课题研究框架。

（2）实施阶段（2021年7月至2023年12月）：课题组按照分工，梳理学校已有的生命教育的实践点，设计生命教育理念指导下的课程体系框架，设计课程评价方案和工具，进行课程的实施。在实践过程中，结合学校实际情况进行反思、调整，不断丰富和完善课程体系框架、课程评价方案和工具等。

（3）总结阶段（2024年1月至2024年12月）：收集课题材料，撰写研究报告。

六、研究计划与人员分工

1. 2021年2月至6月：查找文献，学习文献，构建课题研究框架。负责人：马莉、李许贞。

2. 2021年7月至2021年12月：梳理学校已有的生命教育的实践点。负责人：刘茜。

3. 2022年1月至2022年8月：组织设计生命教育理念指导下的课程体系框架。负责人：马莉、刘茜。

4. 2022年9月至2022年12月：设计课程评价方案和工具。负责人：谢亚然、于凯旋。

5. 2023年1月至2023年12月：进行课程的实施，并在实践过程中，结合学校实际情况进行反思、调整，不断丰富和完善课程体系框架、课程评价方案和工具等。负责人：孙丽、高歌。

6. 2024年1月至2024年12月：收集课题材料，撰写研究报告。负责人：马莉、李许贞。

七、预期研究成果

通过本研究，将形成基于生命教育理念的学校课程体系，撰写出《基于生命教育理念的学校课程体系建设实践研究》课题研究报告，编撰《基于生命教育理念的学校课程体系实施案例》《基于生命教育理念的学校课程评价方案》以及相关的教师课例集和论文集。

构建生命课程体系　绽放精彩生命之花

——基于生命教育理念的学校课程体系建设实践研究阶段报告

课题组成员：刘　茜　李许贞　孙　丽　高　歌　于凯旋　高明月　封晓晴
李　娜　陈志勇　程　阳　谢亚然

一、基本情况介绍

核心概念界定

生命教育：狭义的生命教育指的是对生命本身的关注，包括个人与他人的生命，进而扩展到一切自然生命。广义的生命教育是一种全人的教育，它不仅包括对生命的关注，而且包括对生存能力的培养和生命价值的提升。本研究中的生命教育是指以生命为核心，以教育为手段，倡导认识生命、珍惜生命、尊重生命、爱护生命、享受生命、超越生命的一种提升生命质量、获得生命价值的教育活动。

课程体系：指学校在宏观把握教育目标的基础上，在国家、地方、学校三级课程管理体制不变、国家课程设置不变、学生发展基础目标不变的前提下，对现行国家、地方课程内容进行适当整合重组，提高实施质量，依据学校育人理念、学生需要、校内外教育资源，进行校本课程、隐性课程的科学规划和建设，进而构建学生发展所需要的、具有学校特色的、融显性课程与隐性课程为一体的学校课程体系。

本研究中的课程体系聚焦两个层面：第一，将生命教育理念融入国家课程、地方课程和校本课程建构学校课程体系，目标指向学校教育的长远发展以及可持续的优质发展；第二，在构建课程体系的过程中优化课程的实施及评价方式，梳理三级课程在目标、内容以及资源上的相通之处，在实践层面实现合理融合，实现学段间贯通、学科间整合。

研究目标

1. 构建基于生命教育理念的课程体系。

2. 探索基于生命教育理念的课程实施方式。

3. 形成基于生命教育理念的课程评价方案。

研究内容

1. 基于生命教育理念的课程体系建构研究。

根据学校"每个生命都精彩，世界因我而不同"的办学理念及"孕育一生良善、终身好学的新生命"的育人目标，在对学校学生的需求进行科学、系统评估的基础上，对国家、地方和校本三级课程进行整合，构建基于生命教育理念的课程体系。

2. 基于生命教育理念的课程实施方式研究。

在教育教学实践活动中探索基于生命教育理念的课程实施方式，在此过程中不断调整和优化课程体系。

3. 基于生命教育理念的课程评价研究。

在教育教学实践活动中开展基于生命教育理念的课程评价研究，最终形成基于生命教育理念的课程评价方案（课堂教学评价、学生综合素质评价等）。

预期阶段成果

通过本研究，将形成基于生命教育理念的学校课程体系，撰写出《基于生命教育理念的学校课程体系建设实践研究》课题研究报告，编撰《基于生命教育理念的学校课程体系实施案例》《基于生命教育理念的学校课程评价方案》以及相关的教师课例集和论文集。

二、研究进展情况

（一）研究过程

1. 研究初期，查找、学习文献，构建课题研究框架，完成开题。

2. 实施阶段，梳理学校已有的生命教育的实践点，设计课程体系框架和实施方式，完成学校"新生命课程"手册。

3. 总结课程实施中的经验与不足，撰写课程建设阶段研究报告。

4. 现阶段，着手设计课程建设评价，通过"新生命课程"过程性评价和终结性评价的方式，对课程体系进行整体评估，并进行反思和完善。

（二）阶段研究成果

第一，顶层优化，完善文化继承创新

从 2007 年开始，学校的生命教育经历了萌芽阶段、探索阶段、凝练阶段、深化阶段，经过研究探索，学校认为在日新月异的新时代，要拥有破旧立新的决心和革故鼎新的气魄，精准把握未来方向，赋予生命新内涵，培育新素养，打造新形象，塑造不同的、精彩的新生命。

"新生命教育"代表生命的传承。培养学生良好的品质和终身学习的能力，接续生命的精彩。

"新生命教育"代表生命的发展。激发学生不断地自我革新，改变自己进而改变世界，让世界因"我"而不同。

"新生命教育"代表生命的创新。助益生命成长之路，创造生命美好的未来。

"新生命教育"以对生命的全面关怀为教育观，以实现生命全面发展和长远发展为教育目标，以"生命每天都进步，生命每天都精彩"为教育理想，以塑造生命的健全人格为教育责任，在"五育并举"和个性发展中奠定素养基础，充满着新希望、新活力与新发展。

办学理念："新生命教育"，即以"每个生命都精彩，世界因我而不同"为办学理念。"每个生命都精彩"指明了生命多样性的特征；"世界因我而不同"表达了生命独特性的内涵。

文化内涵：健康、合作、自主、创造。

新生命的全面发展体现在将人文素养与科学素养相结合，新生命的长远发展体现为将人性思想与创造智慧两者兼顾，因而新生命兼具人本性与创造性，其最核心的特征是健康、合作、自主、创造。健康是生命情怀的表现，合作是生命气象的表现，自主是生命信念的表现，创造是生命智慧的表现。

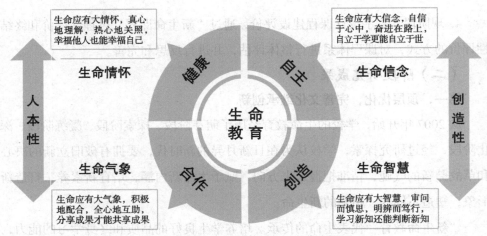

生命应有大情怀，真心地理解，热心地关照，幸福他人也能幸福自己

生命应有大信念，自信于心中，奋进在路上，自立于学更能自立于世

生命情怀

生命信念

人本性

创造性

健康　自主

生　命
教　育

合作　创造

生命气象

生命智慧

生命应有大气象，积极地配合，全心地互助，分享成果才能共享成果

生命应有大智慧，审问而慎思，明辨而笃行，学习新知还能判断新知

图 1-2　学校"新生命教育"文化内涵图

育人目标：学校以"孕育一生良善、终身好学的新生命"为育人目标，旨在让生命在向善、向学中全面成长。

"一生良善"对应中国发展核心素养的人文底蕴、健康生活、责任担当，旨在培养学生良善的品行，使他们具备有根、有神、有礼、有爱的生命素养。

"终身好学"对应中国发展核心素养的科学精神、学会学习、实践创新，旨在培养学生好学的志趣，使他们具备有思、有勇、有识、有为的生命素养。

表 1-1　"新生命教育"育人目标解析表

育人目标	中国学生发展核心素养	生命教育培养目标	关键词	生命特质	具体特征	素养表现
一生良善	人文底蕴 健康生活 责任担当	良善的品行	友善待己 友善待人 友善待物	人本性	健康的生命情怀	有根、有神
					合作的生命气象	有礼、有爱
终身好学	科学精神 学会学习 实践创新	好学的志趣	快乐学习 学会学习 持续学习	创造性	自主的生命信念	有思、有勇
					创造的生命智慧	有识、有为

第二，梳理重构，建立课程体系框架

课程哲学：生命每天都是新的。

学校"新生命课程"以"生命每天都是新的"为课程哲学，"新"寓意新希望、新活力、新发展。

课程理念：日日新，日益新。

"新生命课程"秉承"日日新，日益新"的课程理念。其中，"日日新"的"新"表示状态，是一种外显的特征；"日益新"的"新"表示程度，是一种内在的质量。此处的两"新"与"新生命课程"中的"新"相互契合，寓意生命外显的特征每天都有不同，呈现的状态都是崭新的；同时，生命内在的质量每天都有提升，蕴藏的内质在不断更新迭代。

课程目标：学校以"培养具有生命情怀、生命气象、生命信念、生命智慧的新时代好少年"为课程目标。

生命情怀蕴含健康之内涵，生命气象彰显合作之内涵，它们共同展现生命的人本性，积淀有根、有神、有礼、有爱的生命素养。生命信念折射自主之内涵，生命智慧体现创造之内涵，它们共同展现生命的创造性，积淀有思、有勇、有识、有为的生命素养。

"新生命课程"旨在建立"五育并举"的全面培养体系，直指情怀的滋养与抒发，气象的充盈与展现，信念的建树与自励，智慧的丰实与绽放，最终让生命富有健康、合作、自主、创造的文化内涵，让学生成为既良善又好学的新时代好少年。

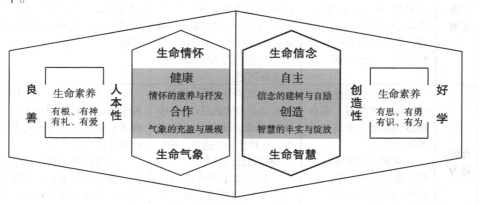

图 1-3　课程目标架构图

学校还将课程总目标细化为分年段课程目标。

表 1–2　"新生命课程"分年段课程目标表

课程目标	分年段课程目标		
	低年级	中年级	高年级
有根、有神	初步体验学习的快乐，热爱学习，热爱中华优秀传统文化。对学习有兴趣，乐于积极投入其中。 养成良好的学习习惯和锻炼习惯，了解运动的重要性，乐于参与并学会安全地进行体育运动	喜爱学习，主动求知，主动选择自己的兴趣爱好，喜欢学校开设的课程。乐于在学习中拓展自我，不断丰富有益的积累。 具有关注身体和健康的意识，具有积极参加体育活动的态度和行为。学会维护自己的心理健康，培养自信心，懂得自尊自爱	建立正确的生命价值观，对生命价值的实现充满期待。 学会调节自己的情绪，学会换位思考，有正确的荣辱观。积极参与体育活动，养成健康文明的行为习惯和生活方式
有礼、有爱	学会基础礼仪，讲文明，懂礼貌，学会关心集体、助人为乐，懂得与同伴友好相处，能与同伴共同游戏、活动并分享。 初步认识自己的生命，懂得大自然中各种生命的存在，愿意热爱、珍惜生命，建立安全意识，学会保护自己的生命	学习社交礼仪，了解、参加各类公益活动，培养利他主义。关心自己生活的环境，初步建立环境保护意识。 学会认识自我，尊重生命的独特性。培养吃苦耐劳的品质，尊重劳动，热爱劳动，具有积极的劳动态度和良好的劳动习惯	学习不同场所、情境中的各种礼仪，对中国的传统礼仪和国内外的礼仪文化有初步的了解。 积极参与各项公益活动，为家人、学校、社会献爱心，养成感恩、博爱的意识
有思、有勇	学习独立做事、认真思考，遇事多问为什么，自觉养成良好的学习习惯。喜欢动手动脑。主动学习解决问题的技能。乐于挑战自己，大胆尝试，不怕困难	敢于探索和实践，遇到困难不躲避，直面困难，运用各种方法解决问题。能主动将学习方法运用到学习中去。面对生活中遇到的困难，有积极改变的意愿，并主动运用所学知识尝试解决实际问题	敢于质疑，积极动手实践，能采用自主学习的方法，从学习中发现问题并设法解决问题。善于发现和提出问题，有解决问题的兴趣和热情
有识、有为	培养自己的爱好，多阅读、多学习、多参加各类活动，丰富自己的知识面。 掌握必要的生活技能，培养自理能力。学会使用简单的工具	选择培养自己的爱好，多参加各类实践活动，养成广泛阅读、认真学习的习惯，有理想、有抱负，并为之制订自己的计划。 具有动手操作能力，掌握一定的劳动技能，学会必要的生活技能，树立"我会自己做"的自信心	兴趣广泛，积极参加各种学习活动和兴趣小组，平时注意积累，有为理想和目标奋斗的决心。 培养积极面对生活的勇气。用科学的方法，积极参与各类劳动与社会实践，并具有改进和创新劳动方式、提高劳动效率的意识

课程设计思路："新生命课程"在整体构建之初，以生命教育为出发点，希望每个生命独特的个性和创造的天性都能够得以充分展现，得到最好的成长，成为最好的自己。因此，学校在平衡兼顾中理顺全面与个性、品德与学业、人文和科学、分科与综合的关系，在落实国家政策、把握课改精神和发展趋势的基础上，立足自身文化特色，进行课程体系的整体设计。

课程结构："新生命课程"结构包含三类课程、四大课程领域。三类课程分别指基础课程、拓展课程、发展课程。基础课程作为课程体系的根基，位于底层；拓展课程是课程体系的支柱，置于中层；发展课程展现生命的多种样态，居于顶层。四大课程领域中人文生命课程与道德生命课程隶属于人文学科领域，健雅生命课程与创新生命课程隶属于科学学科领域。

学校"新生命课程"课程体系以生命教育为目标导向，结合办学理念与学校特色，对国家课程、地方课程、校本课程三级课程要求与内容进行系统梳理与有机整合，最终构建了赋能生命质量、呈现生命精彩与不同的特色课程。生命课程的生长模式是让生命遵循立足时代、面向未来的发展逻辑，体现"不同与精彩"的育人道路，塑造"不同与精彩"的生命。课程从"量"与"质"两个维度为生命"赋能"。

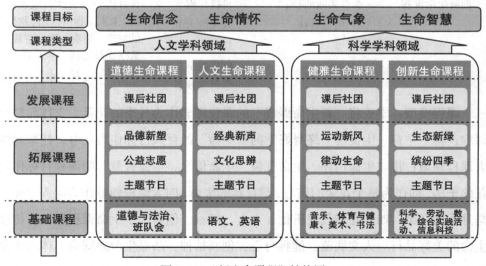

图1-4　"新生命课程"结构图

表 1–3 "新生命课程"课程领域建构表

课程领域	基础课程	拓展课程	发展课程
道德生命课程	道德与法治、班队会	品德新塑 公益志愿 悦享劳动节 暖心感恩节 红色故事节	红色记忆、红色之旅法治专题教育
人文生命课程	语文、英语	经典新声 文化思辨 校园读书节 趣味英语节	课外阅读、游戏识汉字、小主持、小记者、话剧、玩手工学英语、英语话剧社团、话题英语、古诗文社团、快板社团
健雅生命课程	音乐、体育与健康、美术、书法	运动新风 律动生命 体育健康节	古筝、京剧、合唱、舞蹈、鼓乐队、足球、武术、空竹、体育游戏、手语韵律操、创意美术、粘纸、创意手工黏土、创意手工、书法、艺术欣赏
创新生命课程	科学、劳动、数学、综合实践活动、信息科技	生态新绿 缤纷四季 地球环境节 绿色低碳节 科技探索节 天文航天节 校园丰收节 创思数学节 学科实践节	气象社团、水博士社团、能源社团、植物社团、动物社团、再生资源社团、天文主题阶梯社团、博物主题阶梯社团、科技社团、航模社团、未来工程师社团、我们的城市、财商、数学游戏、数学课外阅读、手工 DIY、四季种植、玫瑰养护

课程模型:学校将"新生命课程"的课程理念作为月季的花茎,支撑起整个课程;将"孕育一生良善、终身好学的新生命"的育人目标作为花萼,托举起四大课程领域;将"生命情怀、生命气象、生命信念、生命智慧"的课程目标作为花的子房,即作为整个花朵的核心,孕育新的生命。四大课程领域作为课程主体,是月季的花朵,四个花瓣代表道德、人文、健雅、创新四个生命课程领域,传递生命的美好品行、人文底蕴、健雅身心、创新精神,凸显生命之圆满,体现生命向上、向善的生长力量与生命活力。茎将花与根相连,就是要让每个生命不忘民

族的根与魂，不断汲取中华大地上积淀的传统美德和现代智慧，从而培根铸魂。

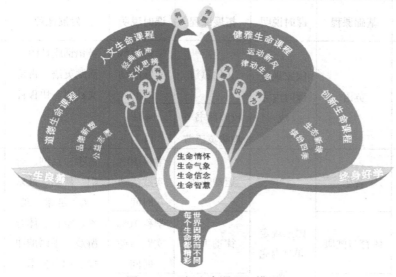

图 1-5　"新生命课程"模型

课程设置：在课程设置上，学校挖掘课程内涵，指向生命质量的提高，充分把握学科定位，理解学科素养，开发国家课程中关于生命本质的知识点。围绕校本课程挖掘主题内涵，赋予其更新的立意、更新的视角，给生命不一样的成长启迪。

表 1-4　"新生命课程"课程设置表

课程领域	基础课程	课时说明	拓展课程	课时说明	发展课程	课时说明
道德生命课程	道德与法治	国家规定课时内完成	品德新塑	学校机动课时时间	红色记忆、红色之旅法治专题教育	课后服务时间
			公益志愿	学校机动课时时间		
	班队会		悦享劳动节	5月		
			暖心感恩节	9月		
			红色故事节	7月		
人文生命课程	语文	国家规定课时内完成	经典新声	学科10%实践活动时间	课外阅读、游戏识汉字、小主持、小记者、话剧、玩手工学英语	课后服务时间

17

课程领域	基础课程	课时说明	拓展课程	课时说明	发展课程	课时说明
人文生命课程	英语	国家规定课时内完成	文化思辨	学科10%实践活动时间	英语话剧社团、话题英语、古诗文社团、快板社团	课后服务时间
			校园读书节	4月		
			趣味英语节	11月		
健雅生命课程	音乐	国家规定课时内完成	运动新风	学科10%实践活动时间	古筝、京剧、合唱、舞蹈、鼓乐队、足球、武术、空竹、体育游戏、手语韵律操、创意美术、粘纸、创意手工黏土、创意手工、书法、艺术欣赏	课后服务时间
	体育与健康		律动生命	学科10%实践活动时间		
	美术		体育健康节	5月		
	书法					
创新生命课程	科学、劳动	国家规定课时内完成	生态新绿	学科10%实践活动时间	气象社团、水博士社团、能源社团、植物社团、动物社团、再生资源社团、天文主题阶梯社团、博物主题阶梯社团、科技社团、航模社团、未来工程师社团、我们的城市、财商、数学游戏、数学课外阅读、手工DIY、四季种植、玫瑰养护	课后服务时间
	数学		缤纷四季	学科10%实践活动时间		
	综合实践活动		地球环境节	6月		
			绿色低碳节	3月		
			科技探索节	10月		
	信息科技		天文航天节	4月		
			校园丰收节	10月		
			创思数学节	3月		
			学科实践节	12月		

实施方式：学校通过构建开放、和谐、活力的"共同体"课程生长情境和对话、合作建构的"共同体"生长方式，形成"生长共同体"课程实施模式。生长情境体现在利用好家长、社区、社会资源，创设尊重、理解、安全、润泽的氛围，让课程实施场域充满活力。生长方式体现的是师生、生生的双向行为，让生命之间相互影响、相互促进，倡导课堂上学生通过倾听同伴、协同对话、补充完善、分享表达深度开展协同学习。

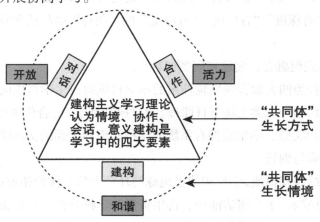

图 1-6　"生长共同体"课程实施模式

"生长共同体"课程实施策略："生长共同体"的课程实施体现在线上线下相结合和课内课外相结合。

线上线下相结合。这是课程实施中学习空间的拓展。由线上虚拟到线下现实，充分利用各种优质教育资源，融入信息化教学方式和智慧化教学环境，丰富学习体验，提高学习效率。既突出生命成长的主体性，倡导学生自主学习、个性化学习；又突出新型师生关系，教师既要做好面对面的观察与指导，又要做好键对键的回应与引导。

课内课外相结合。这是课程实施中认知空间的拓宽。由学校到社会，用书本上的知识来面对和解决生活中的真实问题，将知识的学习与环境中要素的构成和变化、人类社会中科学技术的进步和发展结合起来。在突出学以致用、体现知识价值、实现知行合一的同时，还要突出社会实践，开阔人生视野，丰富生活经验，提高动手实践能力。

"生长共同体"课程实施模式让生命之间相互影响、相互促进，是一种回归生命本真、回归教育本质的创新尝试，它让课堂充满了活力，促进了学生的思维

发展，营造了和谐的课堂氛围，加强了师生的相互关心、帮助、支持和鼓励。

第三，多措并举，推进课程稳步实施

1. 以落"课标"强素养，实施基础类课程。

基础类课程为国家课程，学校结合"两新"理念优化备课模板，变教学目标为学习目标，设置目标时对接核心素养内容，从关注教走向关注学。通过预学单、探究单、作业单"三单"的设计，为课程实施提供支架，促进学生深度学习。构建"有温度""有深度""有广度""有厚度"的"四有"高品质课堂，从而使学生稳扎生命根基。

2. 以广实践促融合，实施拓展类课程。

拓展类课程为四大课程领域延伸出的单学科纵向或多学科横向融合课程，包括八个课程模块和十三类主题节日课程。通过研究性学习、合作式学习、STEAM、PBL 等方式组织实施，学生能拥有系统的学科知识和全面的实践能力，从而激发其对生命的探索与创新。

如生态新绿课程模块，学校构建了地球与环境七位一体的拓展课程，将星空、大气、动物、植物、水、清洁能源、再生资源跨学科融合。一年级一主题，以项目学习的方式有效落实全景育人、体系育人。学校还打造了"小绿探"特色课程卡通形象大使，让"小绿探"与孩子们一同进行探索。

主题节日课程，学校设置每月一节及每月多节，在固定月份由固定部门组织实施。如科技探索节设计科普小剧一起看、科普书籍一起读、科普讲座一起学、科普故事一起绘、科普课题一起探等系列主题实践活动。

3. 以供菜单搭平台，实施发展类课程。

发展类课程包括精品社团课程和学科拓展社团课程。学校以"长短时相结合""固定内容与专项内容相结合""自主选择与双向选择相结合"三结合的方式，以"五育并举"为依托，提供丰富的课程菜单，并在课后服务时段实施。精品社团课程为双选课程，由专业教练进行授课，在满足学生个性化需求的同时，促进学生将兴趣变专长，学生每学期通过成长讲台、艺术舞台、素质展台，进行成果汇报。

通过课程实施，挖掘学生的个人潜能，激发学生的兴趣爱好，培养学生的选择能力，让学生发现自我和发展自我，呈现学生多彩生命的样态。

第四，建章立制，提供课程强力保障

1. 强化管理体系，建立一套制度。

学校成立学校课程管理委员会，由马莉校长担任组长，下设教师发展中心、课程发展中心、特色发展中心、学生发展中心及资源保障中心。

2. 加强队伍建设，团结一支团队。

学校通过"搭平台、供沃土、重专业、获殊荣、促发展"，打造师德高尚、理念先进、素质优良的教师队伍，推动学校课程建设可持续发展。

3. 发挥资源优势，打造一个特色。

学校以打造具有地球与环境特色的育人空间为目标，构建出校园气象观测站、风光互补发电站、再生能源利用站、生态水务循环站和校园生命博物站五大科技生态站系统，为创新生命特色课程实施提供重要阵地。

学校创建了齐物园、四季园、勤耕园，用于中草药、五谷和蔬菜种植，以传承中医药文化，让学生体验劳作的价值，感悟生命的成长。心雅园和活力园是学生交流和锻炼的场所，在这里学生能温润心灵，强健体魄。学校以此实现立德树人、五育融合的目标，擦亮学校品牌。

第五，初见成效，推动学校高质量发展

1. 推动了学校的整体发展。

课程建设的推进与完善促进了学校的高质量发展，学校先后获得大兴区科研先进校，大兴区首批绿色学校，大兴区科技、艺术先进校，大兴区课后服务先进校等荣誉，形成了一校一品特色。

2. 促进了学生的全面成长。

学生在与人合作、自主学习、善待自然、创造能力等方面有明显的提升，发展的内动力明显增强，每人均掌握了两项以上体育技能，一项以上艺术技能。他们积极参加市区级各类比赛，获奖达500余人次，生命潜能和活力不断被激发。

3. 提升了教师的生命价值。

课程实施使教师的生命价值得到唤醒和滋养，青年教师稳起航，成熟教师添助力，骨干教师再续航。教师获市区级各类奖项达339人次，22人被评为市区级骨干教师和学科带头人。教师实现了自我价值与社会价值的完美统一。

三、研究中存在的主要问题

1. 部分教师对新生命教育理念理解不够到位，课程开发能力略有不足，还需

进一步提升。

2. 此外，干部和教师在研究过程中，对阶段性研究反思、总结及评价不够及时，没能通过总结、反思来进一步改进，没能起到指导促进下一步研究的作用。

3. 课题组成员研究水平存在差异，需要加强相关理论学习，提高研究水平。

4. 课程实施管理模式有待进一步细化，干部和教师对课程实施过程情况把控不足，教师对课程的实施、对课程结果的梳理需要进一步加强，以不断形成阶段性的课程资源，完善整体课程体系构建。

四、下一步研究计划

1. 合理安排课时，发挥教师优势。有效整合资源，凸显课程特色。细化课程管理，强化课后服务留痕。

2. 在"新生命课程"课程体系实践中，结合学校实际情况进行反思、调整，不断丰富和完善课程体系框架、实施方案、工具等。

3. 探索形成基于新生命教育理念的课程评价方案。探索形成学生成长评价方案，完善"新新好少年"荣誉机制，建立学生"新新成长册"。

4. 制定教师发展评价指标，形成教师增值评价方案。

5. 收集课题材料，撰写研究报告。

6. 及时进行成果梳理，形成《基于生命教育理念的学校课程体系建设实践研究》课题研究报告，编撰《基于生命教育理念的学校课程体系实施案例》《基于生命教育理念的学校课程评价方案》以及相关的教师课例集和论文集。

以素养导向落"双新" 建"学共体"课堂提品质

课题负责人 刘 茜

新课程方案、课程标准的出台，体现了国家对于培养担负民族复兴大任时代新人的要求。新课程方案从有理想、有本领、有担当三个方面，明确了义务教育阶段时代新人培养的具体要求，为学校教育教学改革指明了方向，提供了强有力支持，同时也对管理提出了新命题，带来了新挑战。

我校以此为契机，在"生命教育"理念的引领下，以推进"学习共同体"课堂建设项目为依托，形成"一二三四五"课堂新机制，全面构建"四有"课堂。

一个核心：以"基于素养导向，以学生为中心，建构共同体课堂"为核心。

两个重点：以"挑战性问题设置"及"协同学习"为重点。

三个转变：从教书向育人转变，从以教为主向以学为主转变，从教师评课到议课转变。

四个原则：面向全体，师生平等，多维互动，知情并重。

五个聚焦：聚焦自主、探究、交流、展示的课堂教学四环节，聚焦倾听同伴、协同对话、补充完善、分享表达的协同学习四流程，聚焦课前预学、课中固学、课下诊学、课后拓学的作业联动四策略，聚焦主题大教研、常规组教研、互助小教研、教师自教研的校本教研四层级，聚焦会倾听、乐协同、善表达、敢质疑的学生样态四特征，从而构建有温度、有深度、有广度、有厚度的"四有"高品质共同体课堂。

一、创设润泽氛围，让课堂有温度

为了使"学习共同体"的理念根植于教师的课堂教学，学校在前期组织教师阅读分享《静悄悄的革命》及《学校的挑战》两本书籍后，再次为教师购置《学习共同体：走向深度学习》一书，使教师更加准确深刻地把握"学习共同体"所倡导的要让学习真正地发生，就要让课堂处于一种安全、润泽的氛围中，让学生远离紧张和焦虑，呈现真实、自然的学习状态。为此，学校通过主题大教研活动，由共同体项目种子教师对全员进行培训，引导教师进一步规范课堂语言及教学行为，转变灌输式、一言堂的课堂模式，引导教师学会"倾听"学生，掌握学生的学习需求，对学生的学习规律给予充分的尊重、理解、支持和助力，让学生有充分思考、交流、试错和修正的时间。学校通过评课议课，组织教师深度研讨如何在学生无法进一步深入的关键点，适时给予学生点拨与指导，并用亲和的语言给予学生鼓励。学校鼓励教师能够在课堂适时地进、勇敢地退，成为研究"学"的专家，从而营造民主平等、交流互动、信任尊重的师生关系及温暖、安全、和谐的课堂氛围。

二、更理念供支架，让课堂有深度

为了帮助教师转变教学观念，强化培养学生学科素养，学校通过教研活动组织教师进行不同层面、不同方式的课标学习活动，并通过共学、研讨、分享等方式，为教师有效进行"两新一旧"背景下的高效课堂教学奠定基础。此外，学校教导处还结合新课标理念进一步优化教师备课模板，如变教学目标为学习目标、设置目标对接核心素养内容等，帮助教师转变教与学的方式，从关注教师的"教"走向关注学生的"学"。

为了让学生的学习更加清晰、明确，学校教导处组织教师分年级、分学科进行"三单"设计，由年级学科组长进行统筹，并在设计过程中组织年级学科教师进行深度研讨，不断完善，以使学生的学习过程、学习结果得到更加具象的呈现。"三单"即预学单、探究单、作业单。预学单上主要设计复习或预习内容，可以是基础知识巩固与积累、查阅资料、调查研究等，为学生有效学习本课知识进行铺垫；探究单上主要设计本课的挑战性问题，主要展现教师为学生突破挑战性问题所提供的方法策略，或学生通过协同学习、教师点拨而完善修正突破挑战性问题的思维历程；作业单上主要设计延伸拓展的复习巩固变式练习或实践任务等分层或分类内容，帮助学生不断提升。"三单"有效为学生提供了学习支架，促进了学生的持续深度学习。

三、变被动为协同，让课堂有广度

长期以来，整齐分配、成行成列的"秧田式"座位排列方式是课堂上最普遍的排列方式，学生全面向讲台，这样的方式极大地限制了学生合作和交流的空间，让学生认为教师是课堂的主导者，学生自己处于被动地位，因而部分学生的学习也处于被动状态。因此，学校组织各班级进行学生座位的整体设计，一至二年级为两人一组，三至六年级为四人一组，四人桌子相对而放，并要求在安排学生座位时做到组内异质、组间同质，为学生协同学习奠定基础。

为了更好地帮助教师引导学生开展协同学习，学校组织常规组教研，分学段和主题开展研讨。针对低年级学生协同能力弱的特质，教师们围绕探索有效协同学习，开展主题为"构建协同学习，打响交响课堂"的系列教研活动；高年级教师则在学生具备一定协同学习能力的基础上，围绕如何设置挑战性问题指向核心素养的落实，开展主题为"聚焦挑战问题，促进学力成长"的教研活动。通过有针对性的深度教研，教师不仅加深了理念，也明确了方法。

学校一校四址，为在四个校区深入推进"学习共同体"课堂建设，学校在本学期初开展了"深研学习共同体，共话课堂微变革"共同体课堂建设沙龙活动，将四个校区所有任课教师分为一至六个年级组，不同校区、不同学科教师围绕共同体课堂建设，围绕学习收获、深思对接、实践举措三个方面展开沙龙研讨。完小教师主要就假期学习的"学习共同体"课堂建设相关书籍或内容进行梳理分享，中心校实践经验丰富的教师就自身在以往课堂践行"学习共同体"的成功经验进行分享。所有教师结合自身学习与互相学习分享内容，就下一步"推进'学习共同体'，建设课堂微变革"的策略进行阐述。学校通过沙龙活动，以中心校深研的点，带动四校区全面推进的面。

学校还通过党员引领课、骨干献优课、种子示范课等活动，促使其他教师学习骨干教师在课堂实践中引导学生协同学习的具体举措。通过研讨形成课堂协同学习流程，即倾听同伴、协同对话、补充完善、分享表达。学生通过协同关系，让彼此的观点形成关联，自发地深入学习。协同学习有效促进了学生的广泛参与，保障了每一名学生高品质的学习权。

四、转听课为观课，让课堂有厚度

为了促进教师间的互学共研，学校根据共同体理念，改变评课议课机制，制定"学习共同体"课堂观察表，以学习方式、学习支架、教师角色三个维度从整体情况到具体表现进行观察。授课教师课前应让观课教师明确本节课的学习目标及挑战性任务，并向观课教师阐明需要关注的点，比如学生倾听情况、教师串联情况、教师行动路线、个别学生的学习情况等。观课教师围绕观察点，走入学生小组当中进行观察记录，课后反馈给授课教师，使授课教师清晰掌握学生的学习状态与教学效果。授课教师通过关注学生实际获得，反观教学设计内容或问题提出的合理性，帮助其更好地改进教学，促进其设计更加高品质的学习内容，突出学科本质，培育高阶思维，落实核心素养。从听课评课到观课议课，教师们的心态也在悄然转变，他们更愿意开放课堂，更希望得到同伴对改进教学的建议这一举措也促使教师更好地形成了"学习共同体"。

　　总之，"双新"背景下的课堂教学，需要我们吃透新课标的理念精髓，坚持素养导向，遵守学生认知规律，关注学生获得，不断提升教学实效。在今后的工作中，我校将进一步加强对"学习共同体"课堂建设的探索，以期让课堂更加有温度、有深度、有广度、有厚度，以此全面提升教育教学质量，为每名学生的持续学习与幸福成长奠定基础。

学科融合落五育　特色课程助成长

——魏善庄一小四年级"小农夫"融合课程实践研究成果汇报

课题负责人　刘　茜

课题组成员： 田增菊　何国庆　尹文秋　魏国庆　刘　峥　石艳芳　刘　双　李思晗

多年来，我校始终坚守"生命教育"的文化导向以及"每个生命都精彩，世界因我而不同"的办学理念。学校深知，唯有具备人文性和创造力的生命才能从容应对未知世界。为此，学校在课程建设中赋予新内涵，培育新素养，打造新形象，致力于让生命走向"新生命"，构建"新生命教育"课程，从而成全每个生命的不同与精彩。

"新生命课程"结构包含三类课程、四大课程领域。三类课程指基础课程、拓展课程、发展课程，四大课程领域包括人文生命课程、道德生命课程、健雅生命课程、创新生命课程。其中创新生命课程构建了地球与环境七位一体的拓展课程，将星空、大气、动物、植物、水、清洁能源、再生资源跨学科融合。四年级小农夫课程就是创新生命课程的一个模块，它体现了多学科的融合与联动。

一、明确课程实施目标

在实施小农夫课程的过程中，学校本着"课内课外联动，校内校外并行，学科之间融合"的目标，强调对学生综合素养的培养。课内课外联动指老师们利用课上时间讲授种植等知识，并利用课后服务时间带领学生养护、观察、记录。学校不仅在校内提供充分的设施，也和魏善庄镇月季园形成共建单位，让四年级社会大课堂实践活动走进月季园，由教导处统一设计课程实践单，使学生系统地学习月季扦插的知识。

二、明晰课程内容

表1-5　小农夫课程实践内容

课程板块	课程内容	授课教师	备注
小农夫之辛勤耕耘·种	学生了解移栽知识，亲身实践，并通过浇水、施肥、除草等对植物进行养护，记录养护过程。	劳动学科教师	
小农夫之对比实验·探	学生通过光照、湿度等对比实验观察记录植物生长情况。	科学学科教师	
小农夫之深思熟虑·算	依托植树问题，设计最佳种植规划方案。	数学学科教师	
小农夫之有感而发·记	学生阅读植物相关书籍，撰写读后感；搜集植物相关诗词，制作书签；撰写种植日记。	语文学科教师	
小农夫之Lapbook DIY·讲	制作植物的Lapbook。	英语学科教师	
小农夫之创意无限·玩	学生绘制植物手册；用超轻黏土捏制植物；制作创意绘画。	美术学科教师	
小农夫之劳动快乐·秀	学生用歌舞展现劳动的喜悦。	音乐学科教师	
小农夫之链接科技·创	学生在教师指导下，制作植物二维码，记录制作过程。	信息科技学科教师	

三、打造教研共同体

为了更好地开展跨学科课程，学校从教研入手，打通学科壁垒，以年级为单位形成教研共同体，所有学科教师共同参与。在线上教学期间，学校就曾多次尝试诸如"神奇的杯子""共话清明""多彩的树"等主题融合课程，收效甚好。小农夫课程的实施，也促使学科老师深入思考与联动，使得课程实施得更加深入。

四、丰富课程资源

为了更好地实施课程，学校建设了五站五园，把校园变成课程资源，打造成学生成长的乐园。特别是在学校的四季园和勤耕园，学校特地给学生打造了小菜园，让学生能够亲自种植。学生有了自己的小小试验田，不仅有了实践的空间，更有了作为校园小主人的责任与担当。

五、探索与实践

各学科教师立足学科本位进行多学科融合的深入实践与探索。

小农夫之辛勤耕耘·种

在这次小农夫课程中，我带领学生承担了最基础的任务——种植。清明后的第一次种植，没有出苗。我想这是我们研究种植的一次好机会。我带着学生分析原因后，开始了第二次种植。这次种植，我设计的是直播和育苗对比种植的方法，这种方法让学生切实感受到，育苗具有节约种子和水、好管理等优势。

我带着学生从选种浸种开始，平整土地，播种育苗，分盆移栽，让每一名学生都经历了一个完整的种植过程，学生从中体会到了种植的乐趣以及劳动的辛苦，他们也从后面的养护过程中懂得了一分耕耘一分收获的道理。

关于融合课程，我想从两个方面谈谈我的理解：

1. 融合课程培养了学生的综合能力。从种植到最后收获的整个过程中，学生可以通过观察，用科学课上学到的知识研究这几种植物适宜的环境，用数学的知识解决如何根据所种地的大小估算用多少种子、育多少苗等与生活实际紧密相连的问题。劳动课程来源于生活，最终还要回到生活中去。劳动课上所用的材料一般都是准备好的，直接就能用。但生活中不一定，可能涉及采买，也有可能涉及加工。学生准备材料的过程，就是课程的融合过程。

2. 融合课程培养了学生的多元思维。种植就是一个点，其他融合的学科就像从这一点发出的光，可以从不同角度去研究。我想，身为教师，在我今后的劳动教学中就要抓住这一个个点，带领学生从不同角度去研究，去学习。

（劳动学科教师　田增菊）

小农夫之对比实验·探

本学期，学校开展了多学科融合的小农夫种植活动，科学方面主要是指导学生进行植物生长情况的对比观察实验。我根据科学教材中有关植物的内容和多学科融合的需要，联系学生的实际生活，指导学生进行植物的种植活动，让学生明白科学来源于生活，生活处处有科学。

在科学课的教材中，需要学生探究一些常见的生命现象，了解植物的生长过程，如四年级的植物生长变化和五年级的生物环境这两个单元。结合本学期学校开展的小农夫活动，我们因地制宜，利用空地等建立种植园。同时，我还了解到四年级植物生长变化中有一个种植凤仙花的活动和北京市栽培大赛的活动，我把三个活动整合在一起，让学生亲自动手进行种植活动，达到了事半功倍的效果。

在这次的小农夫活动中，学生在学校的四季园和勤耕园里分别种植了凤仙花、黄瓜、茄子、小西红柿、朝天椒等。在植物的生长过程中我们还针对植物的生长环境（水分、温度和光照）进行了对比观察实验。在种植过程中，我参照四年级植物生长变化中凤仙花种子发芽的内容，与劳动学科合作，让学生观察植物种子发芽的过程。在对植物的观察和记录过程中还涉及许多测量活动，如植株的高度和茎的粗细，这些活动又需要数学知识的配合。在观察的过程中，同学们还进行了植物的养护工作，如拔草、浇水等。

通过一段时间的观察，我们收集了植物生长的许多资料，并以小组讨论的方式对植物生长情况进行交流，最后得出大自然中的植物在适合自己的环境中才能长得更好这一科学知识。

通过本次的多学科融合活动，我认为学生不仅学到了科学知识，学会了种植植物的方法，了解了植物生长的适合条件，培养了观察和记录的习惯，同时还学会了简单的劳动技能，促进了学生综合素质的发展。

（科学学科教师　何国庆）

小农夫之深思熟虑·算

在最开始讲到植树问题的时候，我们设计的是通过开展植树活动，让学生理解"树坑"与"间隔"的真实含义。在实际操作中，学生了解了树不能直接挨着建筑物种植的生活常识，了解了树与建筑物也要有一定的"间隔"。

后来，在小农夫课程中看到孩子们种的菜园，我发现植物之间的株距不是很均匀，布局比较杂乱，于是我便思索：怎么能让种出来的植物既美观又合理？仔细一想，株距不就是植树问题中的间隔吗？种植时的移苗、间苗不就是现实生活中的植树问题吗？如果孩子们在种植的时候能用上数学中的植树问题模型，不就能解决株距的问题了吗？于是我带着这样的思考设计了微课，让学生们通过观察合理布局的小菜园和自己种的菜园，发现种植中的问题，再利用学过的植树问题设计新的种植方案。学生们按照自己设计的方案种植、间苗，真正做到用数学的思维去分析问题、解决问题。

同时，种植过程中的浇水活动也是数学教学与劳动教育的有机融合。在浇水过程中，学生们要合理规划抬水路线、安排浇树次序，即在真实的情境和问题中，解决"搭配问题"，从而规划最优的抬水浇树活动方案，切实提升劳动效率。另外，分组活动还有助于培养学生的设计能力、规划能力以及协同能力，提升学生的核心素养。

浇水活动和数学中的"工程问题"也有异曲同工之处，学生能够在一边劳动一边计算中增强"工程意识"，做到合理分配人员和时间。而且，学生还会在完成种植的"四分之一""三分之一"过程中逐渐强化对"分数"的理解与掌握，更好地理解"整体1"。学生在种植过程中既能体会到劳动的快乐，又能将所学知识迁移运用，让生活成为成长的课堂。

植物结果后，我们还设计了采摘活动。在采摘过程中，学生把固定数目的果实装在盒子里，如10个一盒、8个一盒，这样，既方便孩子们计算一共摘了多少果实，更好地理解"乘法口诀"，还能借助亲身体验活动去理解数学中的"可以装满多少盒和需要用多少个盒子"这两个实际问题的区别，在劳动中感悟数学中所蕴含的智慧。

以上是我们结合数学学科对小农夫课程的一些实践和思考。在劳动活动中，孩子们运用了数学知识和数学思维，将生活与课堂结合起来，感受到生活处处是数学、时时用数学。小农夫课程提升了学生的探索和创新能力，促进了学生核心素养的发展。

（数学学科教师　尹文秋）

小农夫之有感而发·记

魏善庄一小语文组结合学校的小农夫课程，通过开展丰富多彩的学科融合活动，致力于多学科融合教育，以点带面，促进学生的全面发展。

我们都知道，小学阶段就是要培养学生良好的劳动品质，激发学生崇尚劳动、热爱劳动的意识，树立正确的劳动观。

在语文的学习中，学生除了学习课本上的知识，还积极阅读了和劳动相关的书籍或者文章，如《愚公移山》《吃水不忘挖井人》等文章，在阅读中学习先人和伟人的劳动品质。学生在阅读之后，还将自己的阅读感受撰写成文，将他们对劳动的尊重流露于笔尖，践行于生活。学生于读写之间，了解到爱劳动是我国的传统美德，作为中国人，要将吃苦耐劳、热爱劳动的品质传承下去。

在学习与劳动中，孩子们对与劳动及植物有关的古诗产生了浓厚的兴趣，于是便利用课余时间诵读《四时田园杂兴》《清平乐·村居》《悯农》等古诗。在诵读中，孩子们感受到了中华传统文化的博大精深；在亲身劳动中，孩子们理解了劳动人民用自己的双手追求美好生活的不易，认识到劳动能够催人奋进，能够改变自己的生活，自己将来要为社会创造更多的价值。

同时，学校还为学生们提供了很多劳动实践机会。本学期，四年级学生走进了魏善庄的月季主题公园进行劳动实践活动，他们参与了好几个非常有意义的劳动实践活动，回来后每个同学结合劳动实践活动撰写了劳动感受，还有的同学将自己的劳动实践过程写成了日记。通过劳动—写作—感悟这一系列过程，同学们掌握了劳动技能，懂得了尊重他人的劳动成果，内化了劳动品质。

同学们在学习中还搜集了和劳动有关的词语和名言警句进行积累，把搜集到的词语进行了摘抄，把搜集的名言警句制作成了书签，时时激励自己多劳动、爱劳动。在这个过程中，同学们不仅积累了大量的词语，还提升了对劳动的认识。

在今后的语文教学中，我们会结合我校学生的实际情况，继续积极开展更多与"小农夫"相融合的教育，将培养劳动品质渗透到日常的教学活动中，使学生在学科融合活动中提升学习质量，涵养劳动品质，传承优秀文化。

（语文学科教师　魏国庆）

小农夫之 Lapbook DIY·讲

在新课改下，劳动教育理念受到社会各界的关注，将劳动教育融合在小学英语教学中属于新的挑战，能够增加英语学习的趣味性和活力性，使学生形成劳动意识和习惯。

在开展小农夫活动之初，孩子们时不时问我一些和植物相关的英语表述。在这样的情况下，我结合学生的英语学习现状，积极地加入融合活动中。

在课余时间，我和学生一起复习、总结了学过的水果、蔬菜等与植物相关的词汇，并在此基础上进行适当的词汇补充学习。

在英语课上，我利用 Free talk 环节，对学生学过的相关知识进行复现。如：和学生谈论植物四季的不同变化；与学生交流喜欢的水果、蔬菜品种及喜欢原因，并讲解健康饮食的重要性；通过动画、视频、绘本等材料丰富学生的学习内容，在帮助学生巩固复习的同时，增加了课堂活动的趣味性。

在北京版英语五年级下册的教材中，涉及了植物相关内容的学习，我结合四年级学生的学习情况，选择了学生感兴趣的内容在课余及社团活动时间和学生一起分享学习。如：植物生长所需的条件，植物各部位名称的英语表达；植物生长的循环过程；我们食用的食物分别来自植物的哪些部分；种子的传播方式；等等。学生觉得这些学习内容新鲜，便乐于参与到学习活动中。

通过前一阶段的学习，学生对植物及其相关的英语表述已经有了一定的认识。接下来我把英语学习延伸到种植活动中。通过观看、学习视频和绘本的内容，帮助学生理解种植过程的英语表述，鼓励学生在接下来的种植、记录活动中使用相关英语表达。之后尝试让学生以照片或画画的形式把种植过程记录下来，并配上文字描述，尝试制作自己的种植 Lapbook 并大胆介绍。

在这次学科融合活动中，我充分意识到，多元的方式更适合学生的学习。在今后的英语教学中，作为教师的我应该多思考，多与其他学科教师联动，丰富学生的学习内容及学习途径，让学生主动参与到学习活动中来。

（英语学科教师　刘峥）

小农夫之创意无限·玩

在小农夫学科融合的课程中，我将其与美术课《身边的植物》进行整合，让学生观察植物生长过程，由简入繁，层层递进，在写生过程中学会处理植物遮挡关系和穿插关系。写生的记录采用了两种不同的绘画表现形式：自然笔记独幅画和植物生长手册连环画。

在创意美术社团中，学生有了更加充足的时间，他们利用多种材料、多种形式拓展小农夫课程内容。我在小农夫的课题下设计了美术单元课的内容。

第一课《丰收了》：设计制作喜欢的蔬菜和水果。学生观察了解它们的特点，在玩中综合利用捏、压、搓等泥塑技法，完成制作。

第二课《花儿朵朵开》：孩子们通过观察植物的特点，运用彩泥设计制作了丰富多彩的彩泥画。

第三课《小小山坡上》：拓展孩子们的想象力，在小纸碗上制作孩子们心中美丽的山坡，使得孩子们在空间设计的立体装置作品中，感受自然之美，并欣赏美、创造美。

第四课《小发饰》：它源于劳动过程中长头发带来的不便，需要发夹或者发箍固定头发。孩子们汲取生活中熟悉的植物元素和小农夫课程所学所感，自己动手设计小发饰，带着美去劳动。

美术课上的作品形式丰富，由平面到半立体的浅浮雕，再到立体的泥塑作品，以及与生活相结合的小发饰。新课标指出要贴近孩子生活，从生活中取材再应用到生活中去。让学生设计小发饰，意在鼓励学生自己动手制作小发饰并将其作为礼物送给家人或朋友，让他们学会做一个感恩的人。

美术课的学科融合有着很大的开发空间，我还要不断思考和实践，让美术在学科融合中走得更深入、更扎实。

（美术学科教师　石艳芳）

小农夫之劳动快乐·秀

在当前的教育大环境中，我们都在提倡"五育并举"，而我认为这其实就是指各个学科间的融合。小学生正处于全面启蒙期，他们涉猎信息的能力并不弱，但是缺少辨析的能力。无论在课堂上还是课下，正确地引导学生并对其进行德育教育是非常重要的。例如音乐课教材中，有很多的音乐题材都与劳动有密切的关系，比如歌唱类的歌曲《种玉米》。在课堂教学中，我除了让学生有感情地演唱好歌曲，还带领学生用肢体表演的方式来展示歌曲，让学生真切地感受到劳动人民种玉米时的辛勤以及粮食的来之不易，从而让他们养成节约粮食的好习惯。

另外，在欣赏课中，有一首作品是《川江号子》，我让学生欣赏完作品后，带领学生进行乐曲分析，并借此机会为学生讲述各个行业的工人为了建设国家而付出的辛苦努力，比如铁路工人、建筑工人等。学生也纷纷畅所欲言，谈了生活中不可或缺的劳动者，理解了国家的建设离不开劳动，人民的生活也离不开劳动。通过号子来带动情绪，学生在音乐中能获得良好的情感体验，并且产生情感共鸣。

当前的小学生，多数是家里的"小宝贝"，有的孩子在家里没有劳动意识，也没有劳动习惯。我希望在开展小学音乐教学时，能够将劳动教育融入其中，从而改变学生的劳动观念、劳动习惯，这对于当前生活背景下的小学生意义重大。

（音乐学科教师　刘双）

小农夫之链接科技·创

小农夫主题活动中很多方面与信息科技课程息息相关，例如照片的打印、海报的制作、植物名片的制作等，都使用到了信息科技方面的技术。这次我选择了学生最感兴趣的一个，即带领学生制作植物二维码。制作二维码的前提是要了解二维码。于是我向学生简单介绍了二维码编码原理、二维码的组成，以及从安全角度提示学生二维码不能随意扫，随意扫二维码会有一定风险。简单了解二维码后，我和学生一起探讨了二维码里面可以展示哪些信息。经过讨论，我们发现文字信息、美术作品、学生种植照片、植物生长记录等各种内容都可以在二维码中展现，这种呈现也体现了将科学、美术、劳动、信息科技这些学科进行融合的优势和特点。之后我向学生介绍了制作二维码的几个网站，我们经过讨论、分析不同网站的特点，最终选择了一个专业、简便的二维码生成器。前期准备工作完成后就是制作。我们查看了一些已有的模板，学生在课下根据小组想展示的内容进行素材收集和简单排版设计，在课堂上着手制作。在经历多次发现问题、解决问题的过程后，我们制作出了植物二维码，然后将其进行美化、打印、塑封，这样我们就可以随时随地调取植物信息了。以上就是制作植物二维码的全过程。

在融合性的主题教学活动中，我发现学生的课堂积极性、参与度与平时相比有明显提高。平时的一些课程中，对于教师指定主题的活动，学生会有一种为了完成任务而去做的心态，但是这一次，学生都十分期待，在制作时也十分认真。这种成果的出现把他们在科学课、劳动课以及其他学科上不好记录的成果集合起来变得可视化、实质化，表明学科融合加强了信息科技与其他学科之间的联系。真实情境下的教学任务能够有效提升学生数字素养与技能，使学生在学习操作技术的同时也能体验信息科技与生活之间的联系，从而让信息科技课堂变得更加具有综合性、实践性、探究性。

学科融合主题教学也可以应用到其他年级，例如三年级的信息科技与美术，可以用电脑画图将美术作品呈现出来，借此体会虚拟与现实的不同，并分析便捷之处在哪、劣势又在哪。又如五年级的信息科技与数学、科学，学生在学习二进制算法的同时，能感受数字与数字的不同；在编程课上，教师可以带领学生制作小的温度、湿度传感器，然后将其切实应用到科学种植上，这种实质性的成果能够有效提高学生学习的积极性。

（信息科技学科教师　李思晗）

从种植初期的实践劳动，到每日不懈的观察探究，再到创意无限的绘画书写及姿态优美的精彩演绎，这些充分展现了学科融合教学对学生综合素养的培养及对生命个体的关注。"小农夫"既是多学科融合的实践课程，也是我校开展生命教育的有效途径。在实践中，我们不仅注重增长学生知识，提升学生素养，更注重培育学生良好的品格，让每个生命都能向上、向善生长。

一体化课程落"五育" 课后服务树新人

课题负责人 刘 茜

学校一校四址，中心校下辖三所完小。多年来，学校始终秉承"每个生命都精彩，世界因我而不同"的办学理念。为了深入落实"双减"工作精神，全面贯彻市区级课后服务工作相关要求，学校通过系统梳理设计、实践探索研究、完善更新修正，构建了课内课后一体化的"新生命课程"体系。

一、课程设置一体化，把准课后服务定位

（一）遵循"五育并举"课程原则

课程设计思路：学校准确把握立德树人根本任务，在落实国家政策、落实"五育并举"的基础上，立足学校文化特色，有效厘清全面与个性、品德与学业、人文与科学、分科与综合四对关系，进行课程体系的整体设计。

（二）落实"培养新新少年"课程目标

学校以培养具有生命情怀、生命气象、生命信念、生命智慧的新时代好少年为课程目标。而课后服务致力于帮助每一个生命完成自我生命质量的提升，全面落实学校一体化课程的目标。

（三）完善一体化课程设置

课程结构："新生命课程"结构包含三类课程、四大课程领域。三类课程指基础课程、拓展课程、发展课程。四大课程领域的人文生命课程与道德生命课程，隶属人文学科领域，健雅生命课程与创新生命课程，隶属科学学科领域。

（四）找准课后服务定位

课后服务主要开展拓展类和发展类课程，涵盖四大课程领域，旨在尊重学生成长心愿，挖掘学生潜质，发展学生个性，让学生拥有多元的成长路径和突出的兴趣特点，做独特、最好的自己。

二、课程实施一体化，优化课后服务设计

学校根据学生兴趣与发展需求、学校特色巩固与推进需求，在整体规划课后服务课程的过程中，准确把握"三结合"（长短时相结合、固定内容与专项内容相结合、自主选择与双向选择相结合）机制，促使课后服务不断优化。

（一）分层答疑辅导，实现培元助长

学校为优化设计答疑辅导，设计了不同侧重的四层答疑辅导内容，对学生有疑必答、有惑必解，扎实做好学生作业指导和巩固提升。答疑辅导由教导处牵头，校内教师在每周一至周五进行辅导。辅导形式主要为：

整体辅导。以自然班为单位，以语数学科基础、英语听说为主要内容的整体辅导（一、二年级）。

分层答疑辅导。在班级内或年级间，根据学生学业水平进行强基固本或培优提升的分层答疑辅导。强基固本辅导以解决学生当日作业中存在的问题或困惑为主；培优提升辅导以发展学生学科能力，提升学生综合素养为主。

专项辅导。以年级为单位，打破班级界限，进行学科专项内容（数学计算、数学阅读、语文阅读、英语绘本阅读等）的专题辅导。

个性辅导。充分发挥学科骨干教师作用，校内设立答疑室，固定辅导学科、人员、地点，为学习能力较弱的学生提供一对一辅导，满足学生学习需求。当学生离开学校进行自主学习时，若遇到问题且无法自行解决，学校将公布骨干教师的联系方式，方便学生随时向他们请教。

（二）德育主题活动，深化道德生命课程

学校于每周一下午课后服务短时时段，围绕新时代德育教育主题和德育工作指南总体要求，立足学校"八有"生命素养，由德育处整体规划活动设计，实施《有根——小种子，大能量》《有神——小身体，大精神》《有思——小问题，大智慧》等德育主题活动。

（三）集体体育活动，深化健雅生命课程

学校每天固定安排集体体育活动，内容包括花样跑操、武术操、趣味体育游戏等校级集体体育活动，绳王争霸赛、大力士拔河赛、体质健康测试赛、班级足球对抗赛等"每月一赛"项目，并确保在时间上保量、在活动中增趣。

（四）特色劳动教育，深化创新生命课程

学校于每周五下午课后服务短时时段，以"春之美""夏之韵""秋之获""冬

之藏"四季课程为抓手，以"一米菜园""月季园""中草药园"等劳动基地为依托，开展以学生实践为主的劳动教育。此外，学校还通过整理书包、整理课桌等活动培养学生的自理能力，通过设立班级卫生小岗位、校园大扫除活动等培养学生的责任与担当精神。

（五）丰富社团课程，满足个性需求

发展类课程包括精品社团课程、学科素质拓展社团课程和科技特色社团课程，分别建立了自主选择与双向选择相结合的运行机制。

精品社团课程包括管乐、舞蹈、古筝、绿色生态博物、我们的城市等，开设时间为每周一至周五。本学期通过线上线下相结合的双师课堂模式，即线上校外专业教师指导、线下校内教师组织课堂，有效缓解了学校缺乏专业教师的难题，进一步巩固了精品社团成果。

学科素质拓展社团课程坚持"课内外一体化"课程建设原则，鼓励干部、教师根据所教学科、自身特长深入探索和与课内深度融合，开设时间为每周二、周四。四个校区共开设学科素质拓展社团 59 个，如"青苗阅读学社""玩手工学英语""手语韵律操"等。学科素质拓展社团课程增强了多学科知识的综合运用，拓宽了学生知识的边界，强化了学科间的深度融合。

本学期，我校秉承"生命教育"的办学理念，立足乡村实际，构建了"校园气象观测站""风光互补发电站"等校园五站，以及"四季园""勤耕园""心雅园"等校园五园，充分利用校园五站、五园的育人空间和实践资源，开展科技特色社团课程，设计并实施了"一片天的故事""一朵花的故事""一滴水的故事"等 7 个科技特色社团活动，开展多样化、生动化的实践活动。

三、课程管理一体化，确保课后服务质量

（一）合理安排课时，发挥教师优势

学校充分挖掘校内教师特长，以"课内课后贯通、学科之间融合、发展综合素养"为目标，通过"调研评估—自主申报—学校审核—组织实施—展示评价"的流程，鼓励校内教师积极参与课后服务。

（二）有效整合资源，凸显课后服务特色

学校积极盘活周边资源，与大兴世界月季主题园及魏善庄镇林业站等形成共建单位，组织学生在课后服务时段进行实践活动，让学生在更广阔的空间感受家乡地域特色文化。

本学期，学校积极参与了北京科学中心"馆校合作"科技实践课程进校园项目，充分结合校内育人空间和资源优势选取了"环境忠告"和"自然独白"课程，实现馆校合作协同育人。

（三）细化课程管理，强化课后服务留痕

为了使课后服务与学校课程管理相统一，学校制定了"三结合""四性""五定""六有""七表"的管理体系，以此形成网状立体管理模式，做到工作落实细化有抓手，各个环节有留痕。

四、课程评价一体化，孕育时代新人

（一）构建校级平台，促进广泛参与

学校将校园活动与课后服务展评相结合，通过学期课后服务课程成果展示、校园"五节"等为学生搭建自我展示的平台，并通过学校公众号等媒介进行展示。

（二）搭建市区平台，促进发展提升

学校积极组织学生参与到区级艺术节及体育、科技等重大赛事中，让学生不断开阔眼界。我校话剧、天文、科技、管乐、舞蹈等社团均取得了喜人成绩，且管乐、话剧社团代表区级参加了市级比赛。

（三）完善评价机制，促进全面成长

学校选取了与校徽竹笋相呼应的竹子作为学生评价形象，建立学生"成长节节竹"评价模型，并结合"新新好少年"荣誉机制和"新新成长册"课程整体评价体系，对学生实施一体化增值性评价。

"新新好少年"共设有 8 个好少年。学期末掌握两项体育运动技能、参与学校课后服务成果展或参与一次及以上市区级体育类比赛即可参评阳光好少年；学生掌握 1~2 项艺术技能、参与学校课后服务成果展或参与一次及以上市区级艺术类比赛即可参评雅趣好少年；等等。借此鼓励学生将自己在课后服务课程中所取得的成果在"新新成长册"中记录，以此留下成长的足迹。

课后服务课程化，使课后服务的实施更加规范，有效地促进了我校科学化管理水平的提升，进一步优化了课程设置，丰富了课程内容，促进了学科融合，满足了学生个性化学习需求，提升了学生的综合素养。学校连续五年被评为课后服务工作先进校。在今后的工作中，学校将继续秉承"生命教育"办学理念，通过课内课后一体化课程的实施，全面落实"五育并举"，进一步促进学生的全面发展，使每名学生的生命绽放更加绚丽的光彩！

科技赋能课后服务 助力"双减"提质升级

课题负责人 于洋洋

课后服务是强化学校育人主阵地作用的重要途径，课后服务的课程化实施是发挥育人作用的基本要求。多年来，魏善庄一小始终秉承"每个生命都精彩，世界因我而不同"的办学理念，以培养具有生命情怀、生命气象、生命信念、生命智慧的新时代好少年为课程目标，通过系统梳理设计、实践探索研究、完善更新修正，构建了课内课后一体化的"新生命课程"体系。

一、聚焦实践育人，构建科技课程体系

"新生命课程"体系包含三类课程、四大课程领域。课后服务主要开展拓展类和发展类课程，涵盖四大课程领域，致力于全面落实学校一体化课程的目标，帮助每一个生命完成自我生命质量的提升。

学校按照长短时相结合、固定内容与专项内容相结合、自主选择与双向选择相结合的"三结合"机制整体规划课后服务。短时开展德育主题活动、集体体育活动和特色劳动教育，长时优化设计分层答疑辅导和兴趣社团。

为丰富学校课后服务资源，促进学校科技教育高质量发展，我校积极探索和创新课后服务思路，确定了"地球与环境"科技特色方向，将科技教育融入课后服务，将科技社团作为培养学生核心素养、促进学生全面发展的重要载体，不断完善科技课程体系、拓展科技社团种类和数量。

本学期，学校共开设40余个兴趣社团，涵盖艺术素养、科技创新、劳动技能、体育健康、学科拓展等领域。其中，管乐、足球、舞蹈、空竹等社团在多年实践中已经成为学校的品牌与特色。

为进一步擦亮学校品牌，实现科技赋能育人，学校在已有精品社团的基础上，构建了地球与环境七位一体的拓展课程，将星空、大气、动物、植物、水、清洁能源、再生资源跨学科融合，开设了气象社团、植物社团、再生资源社团、天文知识社团、天文观测社团、绿色生态博物社团、航模社团、未来工程师社团等多个社团，更好地发挥课程育人的功能，并将其作为学生兴趣延伸的"培养皿"，让学生在探究中思考，在实践中观察，在体验中创造。

表1-6　科技教育三级课程体系设置表

			学段		
			低年级	中年级	高年级
课程设置	国家基础课程	基础	科学课程（学科课程）		
	跨学科综合课程	校本	一年级：一朵花的故事 二年级：变废为宝的故事	三年级：新生命的故事 四年级：一滴水的故事 五年级：一颗星的故事	五年级：一片天的故事 六年级：一度电的故事
	个性发展课程	社团	气象社团、水博士社团、能源社团、植物社团、动物社团、再生资源社团、天文主题阶梯社团、博物主题阶梯社团		
		节日	科技探索节、天文航天节、地球环境节、动物观察节、绿色低碳节		
		校外	综合实践课程、科学探索研学旅行		
	课程理念		新生命，新生态，新生活		
	课程定位		兴趣	发现	创建

表1-7　校内主要社团介绍表

社团名称	面向年级	社团介绍	授课内容	学习成果
气象社团	4~6年级	深入探索气象类知识，长期连续对校内气象信息进行观测记录，并探究校内小气候的变化情况	了解基本的气象知识，能运用气象知识解释常见的天气现象，学会使用校园气象站	培养学生的观察力、记忆力与动手能力，普及气象知识。培养学生对气象的学习兴趣
水博士社团	3~4年级	深入探索水资源知识，调查了解城市水务管理的相关情况，监测校内外周边水体水质的变化	了解基本的水资源知识，能使用简单设备调查分析水体的水质情况	培养学生的观察力、记忆力与动手能力，普及水资源知识。培养学生对水资源的学习兴趣
能源社团	3~6年级	深入探索能源知识，探索能源产生的过程和节约能源的方式方法，推动身边的清洁能源设备改造	了解基本的能源知识，能组织使用各种简单的产能与耗能设备	培养学生的观察力、记忆力与动手能力，普及能源知识。培养学生对能源的学习兴趣
植物社团	1~3年级	深入探索植物知识，观察、分辨、种植、管理校园植物，探索植物的奥秘	了解基本的植物学知识，能分辨校内的各种植物，能有效管护校园园林绿化植物	培养学生的观察力、记忆力与动手能力，普及植物知识。培养学生对植物的学习兴趣

二、立足教学实际，拓展科技育人空间

以打造地球与环境特色育人空间为目标，学校根据难得一见的平房式主体建筑，结合地域资源优势、学校资源优势，让学生走出教室、走进自然，构建出"校园气象观测站""风光互补发电站""再生能源利用站""生态水务循环站"和"校园生命博物站"五大科技生态站系统，以及"勤耕园""四季园""齐物园"等劳动实践基地，为创新生命特色课程群的实施提供重要阵地。

三、激发教师活力，打造科技教师队伍

除了聘请校外专业科技教师进行授课，学校还通过"搭平台、供沃土、重专业、获殊荣、促发展"的方式，完善分层分类分岗培训体系，坚持为教师拓宽成长平台，整体推进科技教师队伍建设。学校鼓励教师积极参与金鹏创新名师工作室培训，我校共有 8 名老师参与了大兴区"远航计划"名师工作室项目，其中，4 名老师参与了科技工作室的工作。除此之外，学校坚持"课内外一体化"课程建设原则，鼓励干部、教师根据所教学科、自身兴趣、特长，加入科技教育团队，形成了我校独具特色的跨学科科技教育团队，推动学校课程建设可持续发展。

四、关注学生获得，打造科技特色社团

依托校园气象观测站，气象社团的学生通过"小绿探"播报秀的形式，化身"小绿探"播报员讲解百叶箱的秘密、气象数据是怎样得来的、如何防范气象灾害等知识。通过定期观察、记录数据、整理分析、撰写报告等对未来的天气情况做出合理的预测；还通过学习原理、模拟实验、记录结论、分享交流的方式将"风的形成"主题与科学实验相结合，在了解了风的形成原理后，通过做风的模拟实验，加深对风的形成的理解，提升实验探究能力。

图 1-7 气象社团的学生

在《昆虫旅馆》项目化学习中，动物社团的学生通过观察记录昆虫旅馆"旅客"入住情况，近距离观察昆虫，掌握昆虫分类的基本方法，研究不同昆虫的特

点和习性，领悟保护生物多样性的意义。

图 1-8　动物社团的学生

垃圾是放错了地方的"宝贝"。绿色生态博物社团的学生通过堆肥箱和蚯蚓塔，将落叶、落花、果皮、菜叶这些看似无用的"垃圾"，变成了制作堆肥的好材料，并将肥料用于校园里的一米菜园和月季园。在实践的过程中，科学知识走出了课本，走进了学生们的生活中，成为看得见、摸得着的实践体验。

图 1-9　绿色生态博物社团的学生

每周一下午的德育主题活动时间，学校组织学生以班级为单位进行以"徜徉多彩四季，亲近缤纷节气"为主题的二十四节气主题教育活动，为每周五劳动时间打下理论基础。周五下午的劳动时段，通过"勤耕园"和"四季园"中的一米菜园，"齐物园"中的中草药箱，学生化身快乐的"小农夫"，在校园里体验从下地、翻土、播种、施肥、浇水到中期维护、修剪，再到后期采摘的过程。伴随着《二十四节气》习俗课程，学生们在对植物生长过程的观察、探究、记录中，体验种植的乐趣和不易，感知节气的文化和特点，感受植物成长的生机和神奇，从而认识自然、探索自然、感受生命。

图 1-10　二十四节气主题教育活动中的学生

五、点燃成长内驱，完善科技教育评价

为提高学生的学习兴趣，培养学生的创新意识，提升学生的科学文化素养，学校将科技社团争章评价融入学生整体争章评价中，为科技社团打造了独有的"勤研章"，明确了争章的具体要求，用评价撬动和激发学生的学习内驱力。

表 1-8　"科技社团——勤研章"争章活动

基础目标		1.坚持参加每次社团活动，不迟到，不早退。2.参与每次社团活动时守纪律，勤思考。3.及时完成社团活动任务，能合作，不拖拉
各年级阶段分目标	气象社团	1.掌握基础气象类科研部件使用方法，能够利用气象站长期对校内气象信息进行观测和记录。 2.探究校内小气候的变化情况，能运用气象知识解释常见的天气现象
	水博士社团	1.掌握基础水资源知识，能使用简单设备调查分析水体的水质情况。 2.调查了解城市水务管理的相关情况，监测校内外周边水体水质变化
	能源社团	1.掌握基础能源知识，能组织使用各种简单的产能与耗能设备。 2.合作研究能源的产生过程和节约能源的方式方法，利用创意将身边的清洁能源设备进行改造
	植物社团	1.掌握植物学相关知识，观察、分辨、种植、管理校园植物。 2.能分辨校内的各种植物，能有效管护校园园林绿化植物
	再生资源社团	1.掌握基础再生资源知识，会使用校内厨余垃圾处理设备，有效利用校内厨余垃圾处理设备减少校园厨余垃圾。 2.能够长期连续对校内垃圾产生情况进行记录，会根据需要设计对应的垃圾调查取样方法和手段，并提出整改方案
	动物社团	1.掌握动物学相关知识，会使用对应的观察设备进行动物调查记录。 2.合作探究，了解自然界各种生命与环境的关系
	天文主题阶梯社团	掌握天文学相关知识，低年级能运用天文知识解释常见的天文现象，学会组装天文望远镜；中年级能够理解并掌握各种天文现象、各类天体和探究方法；高年级能够通过探究形成天文主题报告或论文
	博物主题阶梯社团	掌握博物学相关知识，低年级能对身边的动植物进行简单的观察记录；中年级能够理解并掌握各种地球与环境中的现象、各类自然博物知识的观察记录方法；高年级能够通过探究形成博物主题报告或论文

有"科技味道"的课后服务，为学生提供了更多元的选择和更广阔的舞台，让学生拥有更开阔的眼界和创新性思维，极大地激发了学生对科技知识的兴趣，增强了学生的动手能力和创新意识。截至目前，已有 100 余名学生在市区级科技比赛中获奖，学校也在大兴区 2022 年"远航计划——科技艺术优质工程"评选中被评为科技教育先进校。下一步，学校将持续优化课程设置，丰富课程内容，推进学科融合，培养学生动手操作能力、思维与观察能力、创新创造能力，让科技社团成为学校的又一张名片，以高质量的课后服务助推学校"双减"工作取得实效，促进学生全面发展。

图 1-11　丰富多样的科技活动

"劳"修于心，"育"践于行

课题负责人　高　歌

为全面落实立德树人根本任务，切实推进"五育并举"，挖掘劳动教育育人功能，聚焦学生综合素质提升，构建学校生态科技新生命教育，魏善庄一小劳动教育初步形成了"12345"工作体系。

一、聚焦一个目标，明确劳动教育育人理念

学校秉承"颗颗饱满，粒粒向荣"的劳动教育育人理念，致力于将劳动教育作为办学特色的突破口，全面推进学校工作的整体提升，打造特色校园文化，完善劳动科技课程体系，拓展劳动科技社团种类和数量，开拓劳动实践平台，落实劳动教育的师资、经费、场地、设备等，实现立德树人、五育融合、内容丰富、影响广泛的效果，从而使学生全面提高劳动素养，树立正确的劳动观念，具有必备的劳动能力，培育积极的劳动精神，养成良好的劳动习惯和品质，全面增强综合素质，促进学生的全面发展，培养五育新人。

二、打造两个团队，构建养"心"强"翼"劳动智库

（一）养"心"工程智库群

先进的劳动教育资源和强有力的教师队伍是学校劳动教育发展的核心与关键，依托于班级、校级、劳动工作室、校外劳动基地等劳动教育研究类平台，我校组建了养"心"工程智库群，借力高水平劳动教育平台和专家智库资源，为学生劳动教育研究打下基础，为教师劳动教学发展找到方向，为学校劳动教育项目发展赋能。

（二）强"翼"工程智库群

除学校和劳动基地外，健全资源智库也需要将社会、家庭、企业等多方面资源整合，围绕养"心"工程形成闭环，达到强"翼"的目的。依托劳动工作室、企业基地、我校家长资源、社区平台组建强"翼"工程智库群，借力家庭、社会、企业多方面平台，为学校、教师和学生提供丰富的科创资源，促进我校智库体系建设，让智库更加贴近学校实际，为学校劳动教育提升营造良好环境。

我们还开展"五进五访"劳动体验活动,"五进"即进景区、进企业、进基地、进社区、进家庭,"五访"即访景区园艺技术人员、访企业技术专家、访基地种植专家、访社区民众、访学生家长。例如,社会实践大课堂中走进农耕学堂,让学生认识农具、种子,体验农耕。通过请进来、走出去的方式,将校外资源引入校园,将校园围墙延伸至乡镇,传播前沿性科学思想和先进的生产方法,让学生了解和掌握先进的生产劳动技术,提升了师生科学探究劳动教育的思维和能力。

三、深化三级课程,完善劳动教育课程体系

我校在原有三级课程基础上,结合我校劳动科技教育发展特色,为更好健全育人体系,设立了日常生活劳动、生产劳动、服务性劳动三级课程。此课程分阶段设置,以任务群方式打造完整的育人通道,有目的地设计和组织课程,使学生在校内校外可以全方位融入课程,让课程育人做到细节、落到实处。

(一)劳动教育三级课程

1. 日常生活劳动。

大队部开展校园红领巾志愿岗,班级中开展"人人有事做,事事有人做"小主人翁活动,并设立每周五为学生劳动日,对班级和校园进行大扫除,增强学生的劳动意识、责任意识。利用德育活动时间开展整理书包、桌洞PK大赛等,学生和班级根据学校制定的劳动菜单,开展今天我当家、家庭大扫除、学一项新技能等活动,帮助家长做力所能及的家务活,增强学生的劳动意识,培养其自主能力。

2. 生产劳动。

在德育活动时间以及在学校公众号中对学生进行劳动知识的拓展,主要介绍自然气候、节气习俗、诗歌农谚,并配上学生的实践图片、手抄报、研究成果等,定期展示,方便学生交流学习。

结合课后服务课程,设立劳动教育精品课,如开设丝网拉花、国画、剪纸等传统工艺制作社团。与中医药文化课题相结合,学校的齐物园中有珍贵的中草药,学生通过对中草药箱的认领,以及后期的管理、观察、记录等,对中草药的成分及药用价值进行研究。结合学校的一米菜园,学生自主研究一粒种子的故事,通过自主观察、访问、调查,对催芽、播种、遮阴、追肥、培土、收获各在什么节气有了进一步的研究。通过开展校园播种节、丰收节,收集落叶制作标本、美食制作等,让学生体验农耕的辛苦,感受劳动的快乐。利用劳动生态科技设备,将校园里的落叶积成肥料,给植物营养。学生利用周末时间帮助家里拔草、翻地、

劈柴、浇水等。通过参与生产劳动，学生增长了劳动技术，体会到了父母的艰辛，增进了与家人间的感情，提高了劳动与生态科技实践活动的实效，而且提高了劳动与生态科技实践活动的社会效益。

学校利用阵地优势、课程体系，有效发挥了生产劳动综合育人功能，从而达到以劳树德、以劳增智、以劳强体、以劳育美、以劳创新，促进学生德智体美劳全面发展的目标。

3. 服务性劳动。

我校挖掘劳动教育的新内涵，把劳动教育融入社会实践，让劳动在教学和实践中"知行合一"。组建学生志愿团队，开展社区公益劳动，通过多样化的劳动体验，培养学生的感恩情和公德心。比如："学雷锋月"开展义务城市扮靓员的劳动实践活动；"志愿者日"组织师生到养老院慰问老人，陪老人聊天，打扫卫生，与老人们谈心等，通过活动，深化了学生关爱老人、尊敬老人的意识；五月"劳动月"组织部分师生参加社区义务劳动；"重阳节"带领学生走进困难或孤寡老人的家中，为他们送去祝福，帮助他们整理家务，让学生在实践中得到成长，懂得劳动的光荣和意义，从而培养他们尊重劳动的意识。

（二）评价体系

在劳动中，我校以"全面评价"为核心，以评选"劳动小能人"为载体，采用劳动技能和劳动成果展示、劳动竞赛、演讲以及手抄报等形式，鼓励学生歌颂劳动者，不断升华对劳动教育的理解和认识；将学生在校园、社会以及家庭中的劳动实践过程，进行全面客观的记录，并通过自评、互评、家长评、学校教师评等多元化的评价方式，将评价结果作为评比"劳动小能人"的重要依据，从而激发学生的劳动兴趣，提高学生的劳动技能，促使他们养成热爱劳动的良好品质。

四、坚持四个结合，拓宽劳动育人渠道

（一）与学校文化教育相结合

实现劳动教育工作的常态化、持续化，通过四季园、勤耕园、文化长廊、校园广播等宣传阵地，让劳动教育随处可见、随时可学。

在学校新生命教育的文化背景下，开学初，校长将"神秘的礼物"——每人一包种子赠送给孩子们，学生拿回家种植，每天通过各种方式，观察和记录自己秧苗的生长情况，并通过综合实践课中教师发的视频微课进行种植管理，精心呵护秧苗的成长，陪伴着那一棵棵稚嫩的小生命逐渐长大，收获劳动的快乐。

在这个过程中，学生感悟到生命的可贵，并从实践课中获得知识，积累经验，收获快乐。

（二）与日常养成教育相结合

做好每日的值日工作，并在日常活动中时刻渗透劳动教育，组织以"劳动生态科技"为主题的班队会、报告会等，将每周五设立为学校的劳动日，在校园教室卫生、环境绿化美化等方面为学生提供劳动机会，让学生自主参与劳动。通过争章活动，充分调动广大学生参与校园劳动的热情。在日常专题教育、仪式活动中聚焦"我劳动我快乐""我是劳动小能手""劳动创造幸福""劳动最光荣"等主题活动，倡导劳动教育理念，弘扬劳动光荣的主旋律。

（三）与生态科技创新相结合

要使劳动教育更具特色，可以着力提高学生劳动技能和创新能力，让他们焕发劳动热情，释放创造潜能。这里值得一提的是，在我校安家落户的校园气象观测站，有助于劳动教育，可以帮助孩子们科学种植。于是在劳动教育中，我们便考虑再加一个元素：气象观测。这样，孩子们便能通过适时的气象观测更好地服务于科学种植。

同时，学校还建设了风光互补发电站、生态水务循环站、再生能源利用站、校园生命博物站。通过垃圾的秘密、不可思议的污染、丢弃的宝贝、发现新价值、变废为宝、生活大发现等环节，为学生理解并参与生态环境保护，发挥出一定的作用。

（四）与学科教学相结合

发挥课堂主渠道功能，做到学科相融、相扣、相撑，创新劳动教育途径，深化劳动教育内容。有目的、有计划地组织学生参与实践，让学生在活动中养成良好的劳动习惯。例如，低年段数学教学中，有让学生认钟表的内容。学钟表的过程中，可以安排学生学着制作钟面，通过模仿、制作，学生对钟面的时针、分针就会认识得很清楚，除此以外，还会知道钟面刻度有 12 格等。

五、构筑五个工程，打造家校社劳动教育共同体

在"双减"政策的指导下，我校密切联系家庭和社会，结合劳动教育的综合性，通过"走出去"和"请进来"的形式，不断凝聚家校社共识。通过"五个一"打造劳动教育共同体，形成"五个一"工程。"五个一"工程分别是建立一个劳动讲堂、一个劳动工作室、一个劳动教育服务队、一个劳动教育家长宣传团和开设

一组劳动教育特色课程。

经全体教师、家长的努力，学校的劳动教育初步取得三大成效：低年级学生学会了洗碗筷、打扫、端茶水、削瓜果等基本生活技能；学生在劳动中学会了自理。中年级学生大都会认识作物、播种作物、知道节气、认识农具等生产劳动技能，他们学会了使用小农具，肯出力，收获了果实，壮了筋骨；学生在劳动教育中学会了自立。高年级学生懂得了珍惜别人的劳动成果，知道了劳动的艰辛，学会了珍爱食物、敬重父母，懂得了感恩；在劳动过程中出了力流了汗，在劳动教育中学会了自强。

小学美育实施途径研究

课题负责人　屈西西

随着社会的进步和发展,国家对于人才的培养要求更高了。美育对于培养德、智、体、美、劳全面发展的高素质人才尤为关键。小学生正处于身心发展的关键时期,审美教育对于小学生来说非常重要。审美教育应该从小就开始,从娃娃抓起,可以在小学课程中安排美育,通过审美教育,学生的审美能力和审美水平能得到提高。通过查阅资料和对学校开展美育现状的了解,我发现目前美育依然是学生德、智、体、美、劳全面发展中的最薄弱环节,因此进一步发展美育尤为重要。小学生处于接受美育的起始阶段,更应该抓住这个关键时期开展美育工作。

一、小学美育实施存在的问题

(一)学校对美育认识不够充分、投入不足

在应试教育的影响下,很多家长更加在意学生的学习成绩,主要还是关注学生语文、数学、英语等学科的成绩,学校也更加注重学生文化课的学习,对于学生美育的关注不够。虽然近些年来,学校也逐步加强了学生德育、美育的发展。但是,对学生美育的培养却是口号大于行动,重视程度远远不够,这使美育的课程地位很低,影响了美育课程目标的设置,也使得美育的课程目标设置的范围偏狭窄。另外,教师的聘用也是以考试学科为主,部分学生接受美育也是出于升学考虑,具有极强的功利性。比如,有的家长觉得学生学习成绩不好,就让学生学习音乐、美术等,以便日后借助特长顺利升学。凡此种种,使得学生美育教学停滞不前。

(二)美育课程资源配置不够完善,美育课程呈碎片化状态

美育课程资源有班内美育课程资源、校内美育课程资源和校外美育课程资源等。由于各个地区经济文化发展的差异,以及各个地区对于学校美育的重视程度不同,投入程度也不同,所以美育的资源配置不均衡。这就造成有的地方美育发展较好,而有的地方美育发展落后,学生的审美水平发展也不均衡。通过调查研究发现,很多学校都有美育设施,比如舞蹈教室、美术专用教室、音

乐专用教室等，但是学校在教学方面，还是更侧重于传统学科，使得美育课程的教学时间较短，达不到良好的效果。另外，校内美育资源的配置很杂乱。学生每天在校园里生活，所以校园里的美育资源对于他们来说是非常重要的。校园里的美育元素物品摆放、美育文化的设计都非常关键，它们都会对学生产生潜移默化的影响。比如，学校里的小花园的设计、操场的设计、板报的摆放等都要协调，达到渗透美育的目的。如果杂乱无章，那么就不利于学生审美水平的提高。学生的美育不应只停留在理论上，更应该体现在实践中。此外，如果学校内的美育资源都没有体现出美感，那么又怎么提高学生的审美水平呢？校外的美育资源也有待开发。

（三）美育师资不足、力量薄弱

目前，学校很少有专门的美育教师，美育教师基本是从非专业的教师里选拔出来的，缺乏美育专业的经验和资历，所以小学美育的发展质量是参差不齐的。尤其是在一些偏远的山区和农村，更是缺少美育专业教师，这就导致了这些地方的美育难以实施。要想提高学生的审美能力，首先要求教师自身具有关于美育的知识和技能。教师应着重提高自身的审美情趣，不断地学习，用美育相关知识武装自己，这样才能更好地提高自身。众所周知，教师对于学生的影响非常大，很多学生会因为喜欢某位教师而喜欢上这位教师的课。由此可见，教师对于学生美育的发展有着举足轻重的作用。因此，教师应不断提高自身的个人魅力，做学生喜爱的教师，给学生提供足够的美育因素，激发学生学习美育的兴趣。要发展美育，就必须大力培养美育专业人才。

（四）美育课程评价体系单一

在应试教育的背景下，无论是学生、家长、教师还是学校，仍然更看重考试科目。教育部门督导教学质量时，也多以学生的学业成绩为主。近年来，学校越来越强调学生要全面发展，培养德、智、体、美、劳全面发展的人才，但是美育仍然是所有科目里的陪衬科目。小学美育的评价标准也十分单一，大多是终结性的评价，而过程性评价非常缺乏。比如音乐课，大多是期末让学生唱一首歌，然后根据学生的表现来给出学生的期末成绩，缺乏对学习过程中学生的表现的评价。另外，对于学生美育的评价大多是定性评价，缺少定量评价。评价主体也比较单一，多为教师对学生的评价，缺少生生评价、小组评价等。

二、小学美育的实施途径

（一）重视美育教学，制定切实的美育教学目标

要想真正提高学生的审美水平，促进小学美育的发展，就必须加强对美育课程教学的重视，并且制定出切实的美育课程目标。这是提升学生审美水平的重要一步，需要我们对美育课程的方方面面进行科学的安排。重新定位小学美育课程目标，需要明确美育课程的多维价值。整个社会都要高度重视学生的美育工作。学校要从传统的观念中转变过来，不再以考试成绩来单一地评价学生，在教学中，不偏向某些学科的学习，充分地认识到小学美育对于学生成长发展的重要性，更加重视美育的发展，改善学校美育氛围，从小事做起，让学生在潜移默化中接受美育，提高学生的审美水平。学校还要根据国家课程标准，并结合学校的自身情况，因地制宜地制定美育教学目标。制定了目标，学校的美育教师还要真正地去实施，不让目标浮于表面，使目标得到落实。另外，美育目标的制定还应该尊重学生的个性化发展。

（二）优化美育资源配置

美育课程并不是独立的，应该注意各学科之间的融合，在各个学科中渗透美育，就像在学科中渗透德育一样，这样学生的审美水平自然就提高了。还应该注意，每个学校都有自己的特色，这些特色应该保留下来，保留过程中注意传承学校的优良传统，让美育教学有制度保障。另外，要从班内美育资源、校内美育资源、校外美育资源三方面优化美育资源配置。对于班内美育资源，首先注意各个学科与美育的融合，在各个学科中渗透美育。加强学科教师的相关培训，提高教师的学科融合能力，适时地渗透美育。还要加强资源配置，完善美育硬件设施。美育资源可以循环使用，还可以在班与班之间轮流使用，应注意美育资源的回收，这样不仅能够节省资源，还能减少学校的开支，以配备更多类的美育资源。教师还可以利用互联网美育资源，这样既拓宽了渠道，又丰富了资源。另外，教师还可以鼓励学生制作美育资源，这样还能提高学生的积极性，为学生营造良好的美学气氛。对于校内美育资源，学校要加强校园精神文明建设。我们都知道，环境对人的影响是非常大的，校园对学生产生的影响是潜移默化的，因而在校园中，应注意美育元素的布置，让学生经常受到美的熏陶。家校合作优化美育资源也是非常必要的，可以和家长进行沟通，必要时给他们提供帮助，以使学生的美学思维得到潜移默化的提高。

（三）打造高素质美育教师团队

没有美育教师，那么美育将无从发展，美育教师对于学生审美水平的提高非常重要，教师的审美水平影响着学校美育的发展。因此，要想使学校美育更好地发展，就必须打造高素质的美育教师团队。首先，教师应该掌握基本的美育知识，学校要加强教师美育知识和技能的培养，只有这样，教师才能在教学中切实地实施美育。美育培训不能只局限于音乐、美术、舞蹈等教师，应该让每位教师都接受美育培训，这样才能在各学科教学中渗透美育。然后，重点培养一些专门的美育教师，使美育渗透在方方面面。另外，要加强各个学段美育课程的结合，尤其是与高校的结合，高校艺术专业教师有很强的专业素质，能够为小学美育增加更多的专业性、有效性。美育教师在进行小学生美育教育的同时，还需要注重提升自身的素质，做到以美育人。

（四）健全美育课程实施评价

学校的美育要实现可持续发展，就一定要健全美育课程的实施评价。美育的评价不应该是单一的，而应该是综合的。按照布鲁姆的目标分类学，可以把美育目标分为知识、能力、情感和品质人格等综合性育人目标，所以美育的评价也应该是综合的。美学的相关知识、技能，美学的创造能力，学生思想道德品质的发展都应该列入美育评价，这样学生也能认识到美育的内容范围是很广的，并不是只有书本上的内容。美育的评价也不能仅限于课堂上，还要看学生课外的表现。其评价既要注重终结性的评价，还要注重过程性的评价；需要关注学生接受审美教育的过程，还要根据学生的表现进行综合评价。另外，美育评价既要有定性评价，也要有定量评价。美育评价的主体也应该是多元化的，不应该只有教师的评价，还可以进行生生互评、小组评价、家长评价等。让学生在这样的评价中，学会正确客观地看待自己。

红领巾追梦新时代

课题负责人　于凯旋

我校少先队高举队旗跟党走，在上级领导的支持引领下、在全体辅导员的共同努力下、在校外辅导员的帮助下，聚焦培养共产主义接班人，聚焦传承红色基因，聚焦政治启蒙和价值观塑造，把握增强少先队员光荣感工作主线，坚持组织教育、自主教育、实践教育相统一，扎实开展各项少先队工作，团结、教育、引领广大少年儿童努力成长为能够担当民族复兴大任的时代新人。

一、依托"党建带团建队建"，点燃"红色引擎"

在学校党支部的带领下，通过开展丰富的主题活动，深入学习贯彻习近平总书记对少年儿童的希望和要求，团结、教育、引领全体少先队员打牢思想根基。

建队日开展"喜迎二十大，争做好队员"主题活动，在党、团、队三面旗帜交相辉映下，党员代表、共青团员代表、少先队员代表进行了《请党放心，强国有我》的主题演讲，为全体师生讲述党、团、队史，增强了师生们对党、团、队组织的衔接意识，树立入队、入团、入党的人生三部曲规划意识。

组织中心校党、团、队三级宣讲团成员宣讲二十大精神 4 次。用学生听得懂的语言，带领队员学习二十大精神。组织"学习践行二十大，同心共圆中国梦"主题宣讲，共在公众号展示 11 期，带领少先队员开展寻访伟大成就、聆听奋斗故事、讲述身边发展等活动。

利用班队会时间开展"习爷爷的教导记心中"系列活动，引导少先队员牢记习近平总书记的话、按总书记的要求做，努力成长为德、智、体、美、劳全面发展的社会主义建设者和接班人。

同时积极落实每周一课时的少先队活动课，组织少先队员观看"红领巾爱学习"系列网上主题队课，带领少先队员学习新思想，坚定他们听党话、跟党走的决心和信心。在少先队活动课征集活动中，于洋洋老师荣获协作区一等奖，刘佳星、屈西西、高明月、封晓晴、高宏岩 5 名教师获得协作区二等奖。

利用德育活动时间组织学习北京市第十三次党代会活动。组织少先队员和辅导员们观看二十大开幕式。

二、完善少先队组织建设，搭建"红色摇篮"

学校不断加强少先队组织建设，少先队工作基础持续巩固，全面规范开展"红领巾奖章"争章活动。16 名队员荣获三星个人章，1 个中队获得三星集体章，在阶梯化评价体系里激发少先队员光荣感的内生动力，增强少先队组织的凝聚力。

稳步推进分批入队。本学期完成二年级第二批学生入队工作，并在建队日完成入队仪式，实现荣誉激励体系纵向衔接，持续增强少先队员光荣感。

积极贯彻上级文件精神，高度重视少先队仪式教育，每周一进行升旗仪式。开学初，根据重要时间节点制定主题，精心准备每次的国旗下讲话稿。如全民国防日开展"喜迎二十大，携手共筑强军梦"主题升旗仪式，队员们在庄严活泼的氛围内增强了少先队员的光荣感和组织归属感。

完成"请党放心，强国有我"少代会暨大队委换届工作，推选出 15 名大队干部。为了加强小干部的管理能力，定期召开小干部会，总结上一阶段工作，梳理出现的问题，解决遇到的问题。

发挥红领巾广播站、中队角等校内阵地的作用，促进少先队教育常态化和队员的个性发展，每月进行一次班级文化的评比工作。

三、丰富少先队活动载体，激发"红色动力"

充分发挥少先队为党培养"红孩子"的优良传统和独特优势，不断丰富活动载体。

（一）开展生态环保教育

1. 组织"童心向党，绿探未来"开学典礼。在中心校教师的配合下，基于前期的精心准备，在开学当天成功举办了开学典礼。全体师生以满腔的热情迎接新征程的挑战，庆祝党的二十大胜利召开。

2. 组织"参与垃圾分类，提升环保意识"垃圾分类活动，队员们都非常积极参加活动，我校少先队大队被评为优秀大队。

3. 组织"科学在身边，探索无止境"第四届校园科技节活动，为学生提供展现自我才华和提高自身科学素养的空间与平台。除此之外，科技方面还组织队员们观看"天宫课堂"第三课，为队员们探索太空埋下科学的种子。带领学生参加科技类比赛，在"未来工程师博览与竞赛"中，千机变项目获区级二等奖，木梁承重和花窗项目荣获三等奖，我校还获得优秀组织奖。在首届"金鹰杯"大兴区中小学生天文竞赛中，11名学生荣获天文知识奖，学校荣获优秀组织奖。

（二）开展红色主题教育活动

1. 开展"追寻光辉足迹，传承红色基因"红色研学地图打卡活动，引领队员们感党恩、听党话、跟党走。

2. 组织"喜迎二十大，红歌献给党"主题系列活动、红领巾带动唱活动。我校在"喜迎二十大，红歌献给党"大兴区教育系统红歌征集活动评选中荣获优秀组织奖，选送的作品《报童》在北京市红领巾校园剧展示活动中被评为优秀表演作品。

3. 参加"喜迎二十大，我来说说心里话"录制，录制的视频也在中国辅导员公众号进行展示。

4. 根据德育处安排，组织中心校开展红色主题教育活动。

（三）开展红领巾志愿服务活动

常态化开展红领巾志愿服务活动，引导少先队员积极参与校内外志愿活动，梳理打造校级志愿服务品牌项目，从"志愿育人"角度出发，推进志愿服务工作向着小、精、细深度发展。每月组织一次志愿服务活动，充分发挥少先队员的主人翁精神，从点滴小事中养成好思想、好品德。

今后，少先队大队将以学习宣传贯彻党的二十大为核心，努力提升少先队员的光荣感，不断深化社会主义核心价值观教育，全方位激励少先队员在德、智、体、美、劳各方面均衡发展，同时积极推进新时代少先队改革，以进一步增强少先队员对组织的归属感。

新的一年，学校少先队将继续带领全体少先队员，紧跟党的步伐，高举队旗，在星星火炬的照耀下，携手共创新时代绚烂辉煌的华美篇章。

科技特色课程建设促科学素养提升

课题负责人　高明月

　　课程是育人的载体，是教育的核心。建立完善的课程体系，提供丰富多彩并能满足学校发展的课程是提高学生素质、实现学校培养目标与培养特色的核心任务。我校以《关于进一步减轻义务教育阶段学生作业负担和校外培训负担的意见》《中国学生发展核心素养》等政策为指引，坚持学生为本，着眼于建设高质量的课程体系，强化学校教育主阵地作用。我校始终坚守"生命教育"的办学理念，积极开展体现生命本真、促进生命发展的特色课程体系建设。"十四五"期间，我校大力促进科技教育的发展，其中气象课程是我校重要的特色科技课程，与学校办学理念紧密相通，作为国家课程的重要补充，满足了学生多方面、多层次的需要，提高了学生科学素养，促进了学生全面发展。

一、气象课程建设背景

　　为全面贯彻习近平新时代中国特色社会主义思想，落实中共中央办公厅、国务院办公厅印发的《关于新时代进一步加强科学技术普及工作的意见》精神，进一步提升学校科技教育水平，进一步提升学生科普能力和科学素质，我校课程建设顶层规划有序推进，不断探索学校特色科技教育和创新人才培养方式。"十四五"时期，在"生命教育"的指引下，我校重点开展科技特色跨学科课程的研发与建设。气象课程以五育融合为出发点，以学校科技特色为切入点，以学生年段学习特征为方向，以学生兴趣为导向，以解决实际问题为驱动，彰显学校对特色课程、跨学科课程规划、设计、执行的能力。

二、气象课程目标

　　1. 繁荣科普文化创作，创新科学传播方式，普及气象科学知识，提升学生科学素养。

　　2. 锻炼学生对于天气、气候的语言表达能力和加深学生对气象知识的理解。

　　3. 培养学生的创新精神和实践能力。

三、气象课程内容结构

校园气象站是学校气象课程实施的条件基础，是气象课程实施的主阵地。气象课程注重学科融合，凸显学生主动探索的能力，培养学生的科学精神，提高学生的科学研究水平，促进学生综合发展。该课程分为三大模块，分别为"气象站秘密大探究""气象科普小常识""气象生活重关联"，每一模块又分为两个学习主题进行。"气象站秘密大探究"包括的主题为"百叶箱的秘密"和"气象数据的秘密"；"气象科普小常识"包括的主题为"风的形成"和"气象灾害的防御"；"气象生活重关联"包括的主题为"气象与植物生长"和"天气预报的制作"。

四、气象课程实施方式

1. 特色 IP 打造："小绿探"形象大使。

首先，学校在网络上开设"小绿探"公众服务号，征集"小绿探"形象大使，开启绿探行动。"小绿探"的名称具有多层含义："绿"指绿色，象征环保、健康的新生活方式与理念，"探"是倡导"探索—发现—创新"的学习方式。征集"小绿探"形象大使，宣传课程的理念和意义，激发学生们对气象课程的兴趣。

2. 知识科普宣传：气象播报秀。

校园作为气象科普宣传的重要阵地，校园气象站在普及气象科学知识、提升社会气象科普教育水平方面发挥了重要作用。气象课程以点带面，由气象播报员录制"气象播报秀"，他们首先在教师的帮助下，探究气象的相关知识，然后作为"小绿探"气象小讲堂的小讲师，向同学们科普与宣传。在"气象站秘密大探究"模块，气象播报员讲解百叶箱的秘密，以及气象数据是怎样得来的等知识。在"气象科普小常识"模块，气象播报员播报风是如何形成的、如何防御气象灾害。在"气象生活重关联"模块，气象播报员播报气象与农业生产的关系、天气预报的制作过程。通过这种"气象播报秀"的方式，以点带面，满足了孩子们的好奇心和求知欲，更能激励他们今后自主发现问题、解决问题，从而走上科学的探索之旅。

3. 学科融合拓展：跨学科综合实践。

气象课程更加注重学科的融合，提高学生综合素质。借助气象课程，教师可组织学生开展跨学科领域的学习。例如，"气象科普小常识"模块中"风的形成"

学习主题与科学实验相结合，在学生了解了风的形成原理后，教师组织学生做风的模拟实验，既加深了学生对风的形成的理解，又提升了学生的实验探究能力，更培养了他们的科学精神。"气象生活重关联"模块中"天气预报的制作"学习主题与数学学科相结合，天气预报的制作离不开数据的收集与分析。天气是不断变化的，变化的数据中蕴含着许多有价值的信息，小到人们衣物的增减，大到生产经营，都需要根据天气的变化情况进行调整。为了帮助学生认识天气的一些特征，了解天气变化的一些规律，教师组织学生开展了综合性学习活动，分别记录下天气情况的变化并根据所学的数学知识绘制统计图表，对记录的天气信息进行整理和分析，再根据统计结果，对未来的天气情况做出合理的预测，使学生简单经历了天气预报制作的过程。通过对信息的归纳整理以及深入研究，培养学生良好的科学求实态度和科学求真精神，学生的思维会更缜密，同时学会把科学运用于生活中。

4. 自主探索应用：实践调查研究。

气象课程倡导"探索—发现—创新"的学习方式，注重实践性、探究性，突出学生的自主学习。在"气象科普小常识"模块内"气象灾害的防御"主题学习过程中，同学们通过查阅资料、询问老师、相互交流等多种方式，了解了一些自然灾害形成的原因，以及遇到灾害时的避险措施。自主学习后教师再组织学生交流学习成果，提高了学生们应对自然灾害的能力，进而辐射至家庭及社会，提升大家的科学素养和防灾避灾能力。"气象生活重关联"模块中"气象与植物生长"主题学习也采用了实践调查的方式，结合校园环境，充分利用我校的资源优势，让学生们走进菜园，进行实地调查并记录，填写实践记录单。通过学习，学生们知道了气象条件属于农业生产不可脱离的自然环境，并且在学习中提高了实践探究能力。

五、气象课程特色成效

1. 提升学生综合素养。

气象课程提高了学生对于天气、气候的语言表达能力，加深了学生对气象知识的理解，延伸了书本的知识，开阔了学生的视野，更培养了他们的科学精神，达到提高综合素质的效果。

2. 提升自主探究能力。

学生的探究能力有了明显的提升，在与人合作、自主学习、调查研究、实践创新等方面都有了不同程度的提升。

3. 提高知识应用水平。

在跨学科知识的融合中，加强了学生对各科知识的理解和使用，加深了学科之间的联系，帮助学生构建了完整的知识体系框架，提高了学生的知识应用水平。

针对我校当前科技教育课程建设情况，及未来科技教育发展方向，我校将继续依据学校自身办学特色与优势，结合学生兴趣和需要，开发或选用适合学生发展的科技特色课程。

学校评价改革典型案例

——基于科技教师团队建设评价改革的探索与实践

课题负责人　刘　茜

一、评价改革起因

魏善庄一小办学规模适中，中心校下辖三所完小，共有 34 个教学班，1100 余名学生，90 名教职工。多年来，学校秉承"生命教育"理念，着力发展科技教育。

科技教育教师队伍建设，是学校科技教育工作的重中之重。在多样化的科技教育课程、社团、活动、竞赛以及品牌建设中，"如何各自领航，同时达成统一，形成合力，塑造品牌；如何在新方向、新领域、新内容中，创造新时代背景下的特色科技项目；如何在薄弱科技项目中，结合学校资源特点和学生能力优势，规划策略，发展项目；如何结合新课程标准，达成跨学科课程的整合、设计与实施"，是新时代对教师团队的新定位、新需求，同时更是学校科技教育可持续发展的根基。

目前，我校科技教育教师队伍，在已有的校级的组织结构体系下，亟待建设适应科技教育发展特点的专项组织结构、职责分工、管理机制，以此促进特色能力发展。结合我校地处乡村、教师编制少等特点，亟待明确科技教育人才的引进机制，使科技教师团队形成活水，形成校内校外人才聚合聘任机制，使科技教育团队借力生长。面对科技教育工作的多样性、复杂性、竞赛性，亟待加强科技教师专业培训、科技教师专业绩效激励，形成适合科技教育发展的管理政策与制度，以支持科技教师发展；亟待形成特有的科技教师评价，以评价为驱动力，形成科技教师团队凝聚力、价值观，培育、塑造教师榜样，形成"比学赶帮"的工作氛围，带领团队稳步向前。

二、评价改革举措

科技教育管理团队，是学校科技教育工作的骨架。人力资源是一个学校发展最重要的部分。学校的科技教育团队是学校科技教育发展的最重要基础和人力资源保障。如果说校长是学校科技教育发展的龙头，那么科技教育团队就是龙的骨架。科技教育团队，由相互依赖、遵守共同规则、具有共同愿景、愿意为共同目标而努力的、技能互补的成员组成。通过沟通、相互信任、合作、承担责任，合力为学校科技教育工作发挥力量。培养高质量的科技教师队伍是我校努力追求的目标。学校以贯彻中共中央、国务院《关于全面深化新时代教师队伍建设改革的意见》和中共北京市委、北京市人民政府《关于全面深化新时代教师队伍建设改革的实施意见》为主线，完善分层、分类、分岗培训体系，坚持为教师拓宽成长平台，多渠道提升教师的专业能力和综合素养。以科技教师团队文化为引领，建成一支政治可靠、师德高尚、理念先进、业务精湛、结构合理、数量充足、充满活力、凝心聚力的新时代科技教育教师队伍。

（一）建构科教文化，形成团队的魂

学校文化是办学理念、教育思想、价值追求在办学实践中的综合反映，是形成学校个性和特色的关键，是师生集体的凝聚力，是学校发展的内驱力。科技教育文化是学校实践文化的重要组成部分，是学校科技教育发展的内驱力。科技教育文化的建设不是局部的、单点的，而是一个完整的体系。我校围绕科技教育制度文化、科技教育团队文化等多个层面，系统推进我校科技教育文化的建设。

1. 加强制度文化建设。

在学校管理过程中坚持科学管理、民主管理、依法管理，实施现代化管理，兴办现代化学校。通过制定适宜的发展目标、合理的管理体制、完善的规章制度，学校培育可胜任的管理人员；通过科学的决策、有效的执行、及时的反馈与灵活的调节，学校管理工作能科学、高效运行。完善集体决策制度，健全校内集体决策规则，完善决策程序。健全师生参与学校治理的制度，健全教职工代表大会制度，充分发挥教职工民主监督和参与学校管理的作用。建立健全家长参与学校治理的制度，完善家长委员会制度，建立班级、年级、学校三级家长委员会，使家长参与、监督学校管理，形成家校间良好的沟通机制，促进家校合作，引导学生、家长、班集体共同成长。健全以学校《管理章程》为核心的学校规章制度体系，加强现代学校制度建设，运用制度手段管理学校。

2. 加强团队文化建设。

我校以"自主与创新、尊重与奉献、引导与合作"为核心，不断加强团队文化建设，营造和谐共进的团队文化氛围，以文化育师，增强教师团队凝聚力。

表1-9 团队文化构建维度及内容详解

构建维度	内容详解
自主与创新	追求创新的集体：尝试新项目、新方法，永远走在创新的路上。我们永远作为集体去活动与学习，坚持改进我们的行为，积极寻找新的观点和视角，开拓创新。 乐于自主的集体：学校科技教育团队极其重视教师的能力和知识，注重激发教师的自主性和创造性，赋予教师工作中实质性的主导权，促进学校可持续发展
尊重与奉献	尊重互助的集体：没有完美的人，只有完美的团队。从简单的任务到复杂的任务，从小的团体到大的团体，教师之间的团结与互助、尊重与宽容，都能促进教师团队的和谐发展，营造理解与尊重、支持与合作的氛围，使所有教师在信任与关爱中思进，形成团结共促的良好平台。 热情奉献的集体：为履行科技教育团队职责与责任而做出贡献，愿意为了共同的目标而付出所有努力。全体科技教育者满怀热情为教育做出贡献，把学生兴趣置于首位，这正是科技教育团队得以立足的基石
引导与合作	沟通协作的集体：清楚明白的沟通过程、高效的沟通方法与团队合作方式，帮助学生发展，促进教师团队协同。 引导帮扶的集体：集体成员应该相互引导，并富有责任感。集体成员应该彼此建立密切的联系，学生与教师之间应该建立诚实依赖的互助关系

（二）抓实五大举措，聚牢团队的力量

学校师资的整体水平和建设情况直接影响学校教育教学的发展质量，也是衡量学校综合实力的重要指标之一。在国家层面，教师培训一直受到重视。对学校来说，促进本校教师队伍建设是发展学校科技教育的重要工作。为此学校不断增强教师队伍建设，通过"搭平台、供沃土、重专业、获殊荣、促发展"五大举措，夯实教师队伍发展基础，整体推进教师队伍建设，打造一支师德高尚、理念先进、素质优良的科技教师队伍，推动学校科技教育稳定可持续发展。

1. 搭平台。每学期组织全体科技创新教师，开展校级教学成果研讨会、主题教学研讨会，以课促专业，以专业促发展。

2. 供沃土。科技创新教育团队每位教师均参与市区级及国家级培训、学习、交流达10次以上，学校组织教师到交流校、到科研院所和高校、到高科技企业

参观及学习达4次以上。为培育复合型、创新型科技教育教师，学校开展"一师多能"跨学科能力培养计划，教师们形成专业项目小组，形成一师带多徒模式。在此基础上，以学期为单位，施行教师专业轮岗学习制，让他们参与到各专业小组的学习中与教学支持工作中，学习进修成果，并作为组内评价计入教师专业发展评价中。

3. 重专业。科技创新教育团队极为重视教师专业发展，从教育教学科研、竞赛专业成绩双通道促进教师专业发展。教师专业发展情况计入年度绩效成绩，鼓励教师双通道专业发展，同时注重教师单通道专业发展。

4. 获殊荣。支持、鼓励、嘉奖团队教师参与全国级、市级、区级等各级各类教育教学专业评比，出版科技教育专业发展指导用书。

5. 促发展。科技创新教育团队致力于帮助并促进每一位科技教师专业发展，搭建发展平台，促进科技教师向更高级别发展，与高校、教科院、高科技企业、科研院所开展广泛合作，促进科技创新教育专业、影响力、成绩的发展。

三、评价改革成果

学校科技教育教师作为参与的主体，教师的积极性将直接影响科技成果输出的情况和效果。"十四五"期间，为培养学生和教师的创新精神，提升教师科教能力，我校结合校本课程、兴趣社团、特色活动、科技成果等形式，形成科技特色教师专业发展成长体系，为教师开展"科技教育—领航教师"评价活动。

表1-10　"科技教育—领航教师"激励体系

基础目标		1.坚定信念，发挥榜样，教书育人　　2.以德立身，以德立学，以德施教 3.终身学习，实践反思，取长补短　　4.尊重个性，包容不足，平等待生
各阶段分目标	旗舰教师	1.担当科技教育工作职责，具有独立担当的工作方向，主动担当、团结合作。
		2.担当科技兴趣社团发展职责，带领学校参与区级竞赛，并取得区级成绩。
		3.担当特色科技课程研发任务，参与研发、编写、绘制等工作。
		4.担当科技教育特色宣传任务，参与公众号编辑、社会公益活动、家校社联合等工作。
		5.每年参与特色科技教育课题、市区级课程，参与校、区、市级各级各类科技活动。
		6.受到学生尊重与爱戴，能够帮助学生解决在科研中遇到的问题，指导学生参与研究性比赛

各阶段分目标	卓越教师	1.独立担当科技教育工作职责，具有独立担当的工作方向，主动担当、团结合作。 2.独立担当科技兴趣社团工作职责，并带领学校参与区级竞赛。 3.在团队中起到模范带头作用，对团队成员产生积极、向上的引导。 4.担当科技教育特色宣传任务，负责实践活动设计、公益活动组织、宣传渠道拓宽等工作。 5.带领团队完成4个以上市区级科研课题、获得市区级课程成果，参与各级各类特色校的申报工作。 6.带领学生参与科技竞赛，3~5名同学获得市级成绩，5~10名获得区级成绩。 7.除完成自己本职工作外，额外完成其他工作，并长年推动学校重大项目获得成绩。 8.受到学生尊重与信赖，能够指导学生参与比赛，并获得国家级、省级、市级荣誉
	领航教师	1.独立承担特色科技教育独立模块的发展，对特色发展成果负责。 2.在团队中起到模范带头作用，对团队成员产生积极、向上的引导。 3.担当科技教育特色发展任务，能主动为学校特色课程建设和发展挖掘新板块与新亮点。 4.担当科技教育特色宣传任务，推进科技教育发展计划，带领科技教育改革和创新。 5.整合外部资源，形成特色科技发展的资源平台。 6.带领团队完成2个以上市区级科研课题、获得市区级课程成果，参与各级各类特色校的申报工作。 7.除完成自己本职工作外，额外完成其他工作，并长年推动学校重大项目获得成绩。 8.受到学生尊重与信赖，能够指导学生参与比赛，并获得国家级、省级、市级荣誉

四、评价改革的创新点

（一）以科教教师评价为抓手，促进科教课程建设落地

学校以评价促进科教教师的发展，同时以评价促进科教教师深度落实学校科技教育。如在激励评价体系中，让科教教师担当特色科技课程研发任务，参与研发、编写、绘制等工作，使教师通过课程研发，深入思考在学校整体"新生命教

育"课程下，如何有效实施科教课程。科教教师通过科教课程的实施，促进了课程的整体完善及科技教育的有效落地。

（二）以教师特色创新评价为突破，促进学校品牌创建

学校建立"科技教育—领航教师"激励体系，目的是在学校科技教育共同的奋斗目标和愿景下，引导团队行为和努力方向，不断学习，不断巩固团队对科技教育的认识和理解，形成合力，朝着共同的目标不断努力和奋斗。

通过评价建立学习型组织，形成学习氛围，并通过扁平化管理，形成高柔韧性组织。团队形成一种先进卓越的学习理念，活到老、学到老，保持永续的学习力。有效沟通，营造开放、坦诚的沟通氛围，充分发表意见、有效倾听、及时反馈。

分阶段激励机制进一步满足团队成员的具体需求，明确了不同阶段的激励评价内容，进而提升成员的热情与主动性，发挥成员潜能，使教师在成就个人卓越成绩的同时有效促进学校科技特色品牌的创建。

五、评价改革过程中存在的难点及困惑

教师评价是一项复杂、多元的系统内容。学校在科教团队教师评价过程中注重细化评价指标及内容，但仍存在评价较为主观的问题，因此建立更为客观的评价体系仍是学校评价改革中需突破的难点。此外教师评价的主体多为学校，如何在评价中考虑到教师因人而异的特点，激发教师自身在评价中的自主表达和参与，也是学校评价改革中需改进的方向。

善行

——深入实践

《小学校园经典古诗文活动实施策略的实践研究》中期报告

课题负责人　李许贞

课题组成员：刘　茜　谢亚然　孙　丽　李　娜　魏国庆　谢建光　贾晓健
封晓晴　姚　靳

一、课题研究基本进展

（一）研究过程

1. 文献研究。

课题组针对与本课题高度相关的 30 余篇文献进行了研究,梳理了经典古诗文的育人功能及目前小学校园班级开展古诗文活动的策略。经文献研究发现,经典古诗文的育人功能主要包括：德育功能、美育功能、启智功能和完善人格功能。目前,小学经典古诗文的活动开展以经典诵读为主,个别学校还将古诗文活动融于学科实践活动之中。

2. 实践研究。

2021 年 9 月至 2022 年 1 月,以语文课标中要求学生背诵的中国古代优秀诗文以及现行部编版小学语文教材中收录的中国古代优秀诗文为主要参考,结合大兴区中华古诗文大会提供的篇幅范围,进行梳理分析,最终选取适合小学生学情的古诗文篇目,印制《魏善庄一小古诗文诵读手册》。

2022 年 3 月至 2022 年 8 月,根据《魏善庄一小古诗文诵读手册》所选的诗文内容,搜集各种形式的学习资源,以学校活动的形式对学习资源进行分类汇总,按照不同的主题设计出不同形式的古诗文活动方案,开展古诗文活动的实践研究,探索古诗文活动的实施策略。

（二）阶段研究成果

1. 经典古诗文育人功能研究。

经典古诗文作为中华优秀文化的因子,其中蕴含着丰富的修身思想,饱含人生智慧，对学生树立正确的价值观、促进身心发展有重要作用。课题组通过大量的文献研究，发现经典古诗文的育人功能包括以下几大方面。

（1）道德教育功能。

经典古诗文中蕴含着丰富的道德教育素材，充分挖掘其文化价值，开展经典古诗文活动，让学生从古诗文中所蕴含的文化内涵和价值中汲取营养，通过伟人事迹见贤思齐，加以修身明志，提高道德境界，发挥经典古诗文的德育功能。

（2）审美教育功能。

经典古诗文教学的审美教育功能主要体现在三个方面。一是培养学生的审美感受。学生可以在经典古诗文活动中快速融入审美情境，接受美的滋养，提高审美感受能力。二是培养学生的审美想象。在经典古诗文活动中让学生体验古诗文的艺术形象与韵味、意境，让他们在学习及鉴赏经典古诗文的过程中领略意境美、增强想象力。三是培养学生的审美情感。开展经典古诗文活动，搭建实践平台，让学生升华对古诗文的优美情感体验，完成创造美的过程，提升审美情感。

（3）启迪智慧功能。

经典古诗文是小学生必学的知识内容之一，通过经典古诗文的学习，循序渐进地提高学生的语言文字水平，促使学生拓宽视野、增长知识，学生的语文综合素养也得到提升。此外，经典古诗文绝大多数是对古代人民生活的描写，内涵丰富、包罗万象，其中不乏蕴含深刻哲理的诗文，因此经典古诗文的学习还可以提高学生的辩证思维和抽象思维能力，发展学生智力。

（4）完善人格功能。

经典古诗文能潜移默化地提升学生的修养和品格，陶冶学生的情操，丰富学生的思想与知识。学生在经典古诗文的熏陶下，可以潜移默化地形成优良的道德思想，并逐渐完善自己的人格。经典古诗文能够促进学生的可持续发展，培养学生健康成长。

2. 建立小学古诗文学习资源。

课题组通过对经典古诗文篇目的梳理，建立了小学古诗文学习资源库，包括以下几方面的资源：

（1）小学生经典古诗文文本资源：课题组编辑印制了《魏善庄一小古诗文诵读手册》，内容涵盖部编版小学语文教材所有的古诗文篇目，以及大兴区诗词大会推荐的小学生拓展古诗文篇目。我们还搜集了部分古诗文的配图，帮助学生在诵读的过程中通过配图来理解诗文内容。

（2）小学生经典古诗文视频资源：课题组搜集了《魏善庄一小古诗文诵读手册》中部分篇目的讲解视频资源，视频资源以诙谐、充满童趣的语言，将古诗文的写作背景、作者情况及内容进行详细讲解，既激发了学生的学习兴趣，又加深了学生对古诗文内容的深层次理解。

（3）小学生经典古诗文图片资源：课题组搜集了《魏善庄一小古诗文诵读手册》中部分篇目的图片资源，图片与古诗文内容深度契合，本资源既能用于加深学生对古诗文内容的理解，又可以作为学生参与经典古诗文书画活动、看图识古诗等经典古诗文活动的素材。

（4）小学生经典古诗文题库资源：课题组搜集了《魏善庄一小古诗文诵读手册》中部分篇目的题库资源，本资源题目类型多样且有趣，既可以考查学生对经典古诗文的基础知识掌握情况，又可以考查学生对经典古诗文的理解和运用能力，还可以作为学生参与学校古诗文大会等经典古诗文活动的素材。

3. 小学校园古诗文活动实施策略的研究。

（1）将经典古诗文活动融入学校校本课程体系建设。

为了使经典古诗文活动的开展有时间保证且有成效，我们将经典古诗文活动融入学校校本课程体系，开设了"轻听悦诵"课程，将每周二至周五中午12：20~13：00的时间定为经典古诗文活动时间，学生在这段时间可以借助经典古诗文资源库中的资源进行古诗文的学习活动。此外，我们还开设了"路队诵读"课程，规定每天下午放学时间，学生在放学路队行进中以班级为单位集体诵读经典古诗文篇目。

（2）将经典古诗文活动与主题教育活动相结合。

课题组研究发现，经典古诗文有着丰富的德育资源，因此课题组在实践探索中，尝试将经典古诗文活动与德育主题教育活动相结合，将"文明礼仪""感恩励志""孝老敬亲""诚实守信"等中华传统美德教育主题与学校开展的德育教育主题有机地结合起来，对学生进行行为养成、社会主义核心价值观的教育和引领，让经典古诗文潜移默化地熏陶浸染进而影响学生，把空洞的说教、被动的倾听变成精彩的表演、自觉的行动，取得了不错的效果。例如在中秋节，我们将经典古诗文活动与学校德育处节日主题教育活动相结合，开展了传统文化课程系列活动。

学生们不仅学习了与中秋节有关的古诗文，还通过为油纸伞题诗绘图、制作小玉兔等活动，了解了中秋节的传统风俗，感受了传统节日中所蕴含的文化。学生在活动中探究，在活动中体验，在活动中践行，全方位、多角度了解了中秋文化，以此激发了学生对中国文化、对家乡与祖国的热爱，培养了学生搜集、处理信息的能力和动手实践的能力。

（3）将经典古诗文活动与学科综合实践活动相结合。

我们把经典古诗文活动和音乐、美术、书法、舞蹈、演讲、表演等艺术形式有机结合起来，开展多学科融合的综合实践活动，极大地激发了学生参与经典古诗文活动的兴趣。在学校每年元旦的学科嘉年华实践活动中，我校语文学科开展的就是不同形式的经典古诗文活动。低年级的看图识古诗活动、中年级的古诗接龙活动、高年级的飞花令活动，都得到了学生的喜爱。经典古诗文的育人功能在丰富多彩的综合实践活动中得以充分发挥，学生的综合素养也得到了显著提升。

二、研究中存在的问题

（一）经典古诗文资源库有待完善

《魏善庄一小古诗文诵读手册》内容比较单一，仅包含部编版小学语文教材中的古诗文以及一些拓展古诗文，尚未归类整理。拓展资料也仅有古诗文的原文，缺少作者介绍、写作背景等扩充资源。

（二）经典古诗文活动缺乏体系性

经典古诗文活动的开展具有随机性，缺乏统一的规划，活动的体系性还有待进一步提升。

三、下一步研究计划

1. 通过中期汇报，发现问题，修正调整。

2. 进一步探索小学校园经典古诗文活动的实施策略，组织课题组教师进行活动案例的撰写，并对实施过程中积累的资料进行汇总、分类，做好资料的补充、完善工作。

3. 分析总结课题实施过程中的情况，撰写课题研究报告，为结题做准备。进行课题的全面总结、系统整理，制订课题的延伸推广计划。

"双减"背景下，小学语文综合实践性
作业设计与实施策略研究

课题负责人　谢亚然

课题组成员： 贾晓健　封晓晴　姚　靳　杨　昕　李　娜　李许贞
刘　茜

一、研究过程

（一）准备阶段（2021 年 4 月—2021 年 8 月）

课题组围绕重要关键词"双减""小学语文综合实践性作业设计"等进行搜寻，为本研究提供借鉴与参考。课题组针对与本课题高度相关的 30 余篇文献进行了文献研究，吃透小学实践性作业设计的理念，学习国内外有关教育教学的资料和成功经验。课题组制定课题研究方案后，又反复研讨、修改完善课题研究方案。

（二）实施阶段（2021 年 9 月—2022 年 10 月）

1. 建立健全组织机构，全力支持课题研究。形成以课题负责人、语文组长为统领，以区、校骨干教师为中坚力量，以普通教师为研究个体的教师研究层级梯队。2021 年 9 月召开课题组会议，对课题组教师实践作业设计中存在的问题进行收集、整理、分析，然后结合当前教育改革及教育理念的新要求，规划课题研究的方向，分析出研究主线。

2. 细化职责分工，全力深入开展研究。为了保障课题研究的顺利开展，将课题研究纳入语文组年度工作计划，依据计划，积极开展研究。同时，为保证教师研究的有效推动，也会依据研究需求进行自上而下的培训及研讨，以及自下而上的问题分析及研究成果收集。每周各校区进行一次教研，每月开展一次研究成果汇报交流，有效地保证了课题的落实与推进，为提升教师的科研水平提供了坚实的人员保障，最终形成全体课题组教师参与课题研究的良好氛围。

二、阶段研究成果

（一）"双减"背景下，小学语文综合实践性作业设计原则

1. 主体原则。

"双减"背景下，小学生语文实践性作业设计要遵循主体原则，作业设计应以学生为主体，让其主动参与语文作业实施、评价过程，不断提升学生语文水平和学科素养。在进行小学语文实践性作业设计时，要明确参加主体是小学生，作业的难度和作业主题不能单单依靠教师的教学阅历设计，教师要能够了解小学生对于实践性作业的兴趣点，能够让学生主动参与其中。

2. 系统原则。

"双减"背景下的小学语文实践性作业设计，还要遵循系统原则。在推进"五项管理"、落实"双减"政策背景下，进行小学语文实践性作业设计时，要能够明确语文实践性作业的作业主题、作业难度、作业数量、作业实践类型、作业要求以及作业评价等，将这些内容联系在一起，形成一个完整的语文实践性作业系统，保证语文实践性作业的合理性。也就是说学校作业设计减负的关键不仅在于做"减法"——把无意义的、机械的、重复的作业删减，还要做好"加法"——教师的作业设计要更有质量，让学习任务更好地适应学生的学科发展。

3. 能力原则。

"双减"背景下的小学语文实践性作业设计，除了要遵循主体原则和系统原则，还要遵循能力原则。要依据小学生目前的语文学习能力进行实践性作业设计，引导学生挖掘语文知识与实际生活的联系，让学生能够进行思索，提高语文逻辑思维能力，更能利用语文知识解决生活问题。小学语文实践性作业的设计，要能够体现学科核心素养，引导学生利用语文知识解决生活问题，在提高学生探究能力的同时，培养小学生的实践精神以及创新能力。

（二）"双减"背景下，小学语文综合实践性作业设计模式

"双减"之下，课题组基于语文学科核心素养，研究建立"课堂作业+课后作业+跨学科作业"模式。课堂作业融合课堂习题，立足课堂实效；课后作业创设"语文听写本"、整本书多彩阅读作业，丰富作业形式，读写结合，激活思维；跨学科作业推动学科融合，促进学生全面发展。基于语文学科的跨学科融合式作业设计，

以语文学科为核心，将多个学科进行跨学科融合。这种学科融合的实践性作业，让学生的语文学习贴近生活、贴近家庭、贴近社会，推动人文主题的落实，提高学生的语文素养。课题组教师潜心实践，共同探索，力求以"作业改革"推动"学教方式"的改变，让学生在多样态的作业中提升学习能力，让教师潜心发掘教育过程中的价值，让师生共同享受智慧学习的美妙旅程。

（三）"双减"背景下，小学语文综合实践性作业实施策略

1. 基于学生实际设计弹性作业，激发学生内在驱动力。

根据主体原则，语文实践性作业要以学生为主体。在进行作业设计时，要根据学生自身的兴趣、需求和能力等特点，设计弹性作业，给予学生选择的余地，让学生根据自己的学习情况，完成相应的作业，力争使每个学生在适合自己的作业中获得自信和满足，取得成功。字词学习是小学阶段语文课程的基础性内容，对学生的后续学习与语文素养的培养具有关键性作用。现阶段学生字词的练习形式和检测方式偏固定机械，比较单一。为了强化学生字词学习基础，就字词训练方面，设有生字本、词语本、家庭听写本、课堂听写本、易错词整理本。在这些作业本使用过程中，错用本子的现象时有发生。课题组教师认真反思教学过程，针对突出问题，对症下药，在实践中尝试设计并使用一个"语文听写本"代替上述多个本子。这个"语文听写本"的特色，一是包含"课课自主练""单元争霸赛"；二是把之前的每日词语复习这一家庭作业，改成了学生自主弹性作业，即学生可以根据自己的学习情况来完成；三是设有字词订正区，便于学生更清晰地发现自己学习中的薄弱环节。如图：

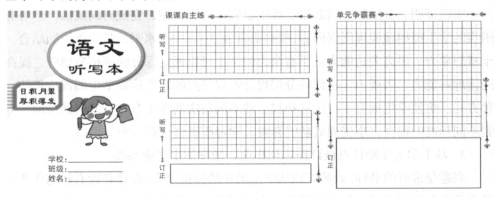

图 2-1　语文听写本样例

实践证明，"语文听写本"能够起到以"一"当"十"的效果。首先，学生们不再会因为拿错本子而不安；其次，订正区的词语便于学生找准易错词语，使巩固练习更具有针对性；再次，学生作业量因为被合并的作业本而做了"减法"，对字词的掌握程度在"质"上做了"加法"。从学生的字词单元检测成绩看，学生没有因为减掉了原来的几个本子而成绩下滑。"语文听写本"的创新与改良在夯实字词基础的同时，也激发了学生们主动预习和复习的内驱力，提高了学生的学习效率，让学生变"要我做"为"我要做"。

2. 基于学生个体差异设计分层化作业，有的放矢提升能力。

分层作业是优化的弹性作业结构，在充分把握学情的基础上，根据学生的问题进行重难点突破，旨在解决学生的个性化问题，让不同层次学生的学习得到不同程度的提高。传统的作业布置方式对所有的学生都有统一的要求，所有学生的作业一个标准，反馈评价也是统一的衡量标准，其结果是优等生"吃不饱"，学困生"吃不了"。长期的这种作业方式忽视了学生的个体差异，会使学生逐渐形成不良的作业习惯；作业布置效率低，学生易产生厌烦情绪，造成两极化发展。在教学中，课题组教师根据本班学生学情，以发展学生的个性、特长为核心，科学设计分层作业。以《中国民间故事》分享课为例，创设"作业超市"情境，设计了三个层次的作业，引导学生们自主选择适合自身的分享形式，表达、分享阅读收获：

（1）爱思考的你，可以用思维导图的形式讲出你最喜欢的故事；

（2）爱画画的你，可以用连环画的形式画出你最喜欢的故事；

（3）爱表演的你，可以和同伴演一演你最喜欢的故事。

实践证明，分层作业的数量、难度适宜，内容自主，完成时间灵活。学习有困难的学生能回顾梳理阅读内容，提高语言表达力；中上水平的学生能讲画结合，丰富想象力，提高表达能力；学有余力的学生可以通过课外阅读拓宽视野，提高阅读理解能力、表现力。这样的分层设计不仅是教师定期检验学生阅读成果的一种方式，更使学生拥有了自主选择权，使不同层次的学生有充分发展的余地，得到不同程度的提高，享受到成功的喜悦，学习积极性也有了明显提高。

3. 基于学生年龄特点设计趣味化作业，激发学生作业兴趣。

兴趣是最好的老师。教师应该从学生的年龄特征出发，设计新颖有趣的作业，激发学生的学习兴趣。现实教学中，古诗词鉴赏教学困难重重，古诗词作业设计更是让人望而生畏，原因在于教师以往的作业设计目的单一，作业布置以抄写、背诵及补全诗句为主，缺乏针对性、趣味性、互动性，且学生对于诗意的理解浮于表面。在古诗教学中，以古诗三首《宿建德江》《六月二十七日望湖楼醉书》《西江月·夜行黄沙道中》为例，打破原有的抄背古诗的作业形式，设计多样的古诗题目，以"诗词大闯关"的形式进行反馈练习。例如：

（1）古诗有颜色，请你来补充。

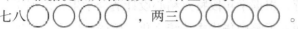

（2）请从下面宫格内识别一句诗。

君	鹊		枝	出
明	阴		惊	月
马	沙		别	山

（3）根据提示所给的数字，补全诗句。

七八〇〇〇〇，两三〇〇〇〇。

（4）飞花令。《宿建德江》《西江月·夜行黄沙道中》诗中都有"月"字，你还知道哪些诗句中有"月"？学生分两队进行飞花令挑战。

（5）小小主播。学生们化身成小创作家，饶有兴趣地亲手绘制或亲自设计各种景物道具，进行视频演绎，自主搭出一个个立体的场景，赋予古诗无穷生命力，与此同时，也加深了学生对诗词的理解。

实践证明，这种有梯度又具有挑战性的检测题目对学生们充满着吸引力。题目的设置既关注了诗句的积累，也检测了学生对诗词的理解。猜猜背背、拼拼演演的考查形式调动了学生学习古诗词的积极性，提升了学生们的思维与表达能力，激发了其创造潜能。

4. 基于生活实际设计探究实践化作业，促使学生知行合一。

语文即生活，生活即教育。语文学习与生活密切关联。语文学科的跨学科作业设计是基于语文学科的特点，将语文学科与其他学科融合，从而更为深入地促进学生对语文知识的理解和把握。除了传统的读、背、写作业，教师还应创设多学科融合实践活动，丰富作业形式。在教学中，课题组教师尝试以学生为本，跨越学科边界，研究整合目标，探寻各学科融合点，确定"学科中的颜色"主题实践作业：

表 2-1　"学科中的颜色"主题实践作业

学科	实践作业主题
语文	习作:《春天的颜色》
数学	找规律
英语	绘本:《A Color of His Own》
道法	实践活动:探究动物的保护色
科学	实验:调皮的颜色
音乐	聆听:《春天的歌》
美术	绘画:《我眼中的春天》
书法	书写:一首带有颜色的诗
劳动	养护一盆花,观察花各部分的颜色

此外,课题组教师还紧紧围绕传统文化、节假纪念日,积极开展中华优秀传统文化教育、爱国主义教育,根据学年段特点精心设计适合学生、发展学生的实践作业,让学生在活动中深入了解中华优秀传统文化,感受祖国飞速发展,研究设计出"小小爱国心,浓浓爱国情"国庆节主题实践作业。

表 2-2　"小小爱国心,浓浓爱国情"国庆节主题实践作业

学科	年级	主题
语、数、美	一年级	我和国旗(老物件)合影
	二年级	表白祖国我来说
	三年级	"数"说中国
	四年级	
	五年级	童言"数"语话国庆
	六年级	童言"数"语话国庆
		牢记历史　致敬先烈
英语	二年级	舌尖上的中国
	三年级	手绘国庆习俗
	四年级	中国梦　建筑魂
	五年级	Lapbook 国庆节
	六年级	行走中的中国
音乐	一~六年级	童心向党　红歌传唱
书法	三~六年级	软、硬笔展示爱国诗
体育	一~六年级	军姿站立、队列队形训练
劳动	三~五年级	中国结、纸艺作品

多学科融合实践作业设计增进了语文学科与其他学科之间的联系，也有效地将其他学科的内容迁移到语文学习中，使语文教学更好地贴近社会生活，使语文教学内容增添时代气息，更重要的是带给学生们多维度的知识和思考，有效促进学生语文能力和语文素养的提升。

三、研究中存在的主要问题

1. 小学语文综合实践性作业设计原则与实施策略有待进一步丰富和完善。设计原则与实施策略之间的内在逻辑关系有待深入研究。

2. 小学语文综合实践性作业设计应体现整个小学阶段的系统性、整体性。结合新课标对"单元实践性作业"的界定，尤其对于研究"实践性"的内涵，需将研究方法和研究步骤进行更深入的挖掘。

3. "双减"背景下，尤其是在新课程方案和新课程标准颁布之后，小学语文实践性作业要能够体现时代性，能够让小学生关注社会热点问题，紧跟时代发展趋势，培养小学生关注时事的好习惯，将语文学习和小学生的实际生活联系在一起，在提升小学生语文能力的同时，培养爱国情怀。而本研究前期对社会热点问题关注较少。

四、下一步研究计划

1. 课题组教师要把握好实践性作业设计角度，将小学语文作业实践性与理论性相互统一，从不同的角度进行设计，提高趣味性，调动小学生语文学习兴趣，提高小学生语文学习水平，培养小学生的核心素养。

2. 进一步梳理小学语文综合实践性作业设计原则与实施策略，组织课题组教师进行活动案例的撰写，并对实施过程中积累的资料进行汇总、分类，做好资料的补充、完善工作。

3. 分析总结课题实施过程中的情况，撰写课题研究报告，为结题做准备。进行课题的全面总结、系统整理，制订课题的延伸推广计划。

"五度"策略助小学生用数学解决问题能力培养的实践研究

课题负责人　谢建光

课题组成员：谢建光　李玉秀　李许贞　杨喜玉　刘佳星　高宏岩　屈西西

《义务教育数学课程标准（2022 年版）》对核心素养做出了明确的界定——会用数学的眼光观察现实世界；会用数学的思维思考现实世界；会用数学的语言表达现实世界。那么如何在数学素养导向下培养学生学习的关键能力呢？我校在市级课题"基于学科关键能力发展的小学数学课堂教学策略研究"引领下，在小学生解决问题这一关键能力上持续开展研究，探寻出一些有效策略。

一、强化大概念引领下的教学活动设计——有深度

在对新版数学课程标准的解读中我们不难发现其中增加了很多新认识，如数与运算的一致性、数量关系（内涵与外延的丰富）、模型思想等，这是挑战，也是机遇。如何把以上内容在解决问题时扎实落地，我们在大概念引领下做解决问题的新尝试。

（一）找准解决问题的两条线

我校课题组成员结合课标、教材对小学阶段解决问题做了以下整理：

1. 第一条线：领域线。

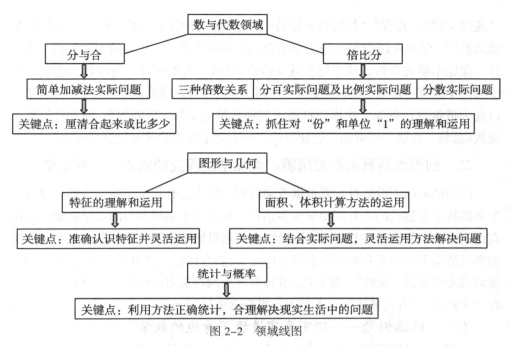

图 2-2　领域线图

2. 第二条线：能力培养线。

第一学段：在具体情境中感悟数量关系，形成初步的运算能力和推理意识；在简单的生活情境中解决实际问题，能解释结果的实际意义，形成初步的应用意识、模型意识和几何直观意识。

第二学段：在真实情境中发现数量关系，感悟利用数量关系解决问题，形成初步的应用意识、模型意识、几何直观和推理意识。

第三学段：能在较复杂的真实情境中选择恰当的方法解决实际问题，形成几何直观和初步的应用意识，提高解决问题能力。

通过对"两条线"的梳理，教师对于解决问题中要教什么、在哪个阶段重点培养什么能力有了更清晰的认识，这使教师能够站在通识教材和能力进阶培养的高度上进行教学设计。

（二）整合教学内容，让"大概念"走进课堂

课堂教学中，常见的是教材有什么教师就讲什么，弊端是学生虽然都学了，但对知识间的本质联系模糊不清，知识点是散落的。为了帮学生整理、升华散落的知识点，明晰知识间的联系，我们在实践中进行了教学内容的有效整合，让"大概念"教学走进课堂。以数量关系为例，以往我们在教授"单价×数量=总价"

"速度×时间=路程""每份数×份数=总数"这三种数量关系时往往采用各个击破式教学,学生可以把每一种关系学会,但却不清楚三者之间的本质联系。基于此,课题组研究分析,从"每份数×份数=总数"入手可知,每份数、速度、单价为一个维度,份数、时间、数量为一个维度,总数、路程、总价为一个维度,以此为依据设计备课,这样就打通了三种数量关系的"隔断墙",使"每份数×份数=总数"这堵"承重墙"更加厚重,学生对于知识的理解也更有深度。

二、创设大而真的学习情境,激发学生探究的兴趣——有温度

问题情境的创设是教育者根据教学内容、学生已有知识经验、认知规律及学生年龄特点而创设的一种调动学生多感官、推动学生主动参与的教学活动。而现在课堂中我们发现一些教师为了创设情境而创设情境,学习情境散碎无章,这样的学习情境不仅达不到激发学生学习探究兴趣的目的,而且分散了学生的注意力,反而成为课堂的"累赘"。基于此,我校在解决问题能力的研究中结合新课标思想在"大情境""真实情境"上下功夫,提升学生学习兴趣。

(一)改编例题——研究真实情境下身边的数学

真实生活情境再现,研究身边的数学。数学名家吴正宪老师曾经说过,课本就是个例子,要给学生真实的情境,学生才会学得有兴趣。所以,在数学课堂教学中,我们努力把生活中的真实情境与例题结合,将其引入课堂,激发学生从身边的小事开始研究数学的习惯。如北京版数学教材五年级下册中关于复式折线统计图的例题:某市计划修建一条从市区到机场的地下铁道,由两个工程队从地铁隧道的两端相对挖掘。例题中虽然涉及德育、相遇问题等,但地铁建设离一些学生生活实际太远了,孩子们根本不关注这些问题。真实情境再现能大大提高学生研究的兴趣,我们在教学中对情境进行了调整,如下:

学校为了激发学生积极参与锻炼的兴趣,使学生养成每日锻炼的好习惯,特举行"绳王争霸赛"。请将你在 7 日内的每天 1 分钟单摇个数和 1 分钟双摇个数填写在统计表中,并绘制成折线统计图。

表2-3　统计表

项目		个　数						
		月　日	月　日	月　日	月　日	月　日	月　日	月　日
项目	单摇							
	双摇							

学生在真实情境中通过收集、整理、分析数据，得出结论，学习的兴趣、效果都大幅提升。

（二）创设大情境，让数学和生活紧密联系在一起

情境创设是数学教学的有效开端，而实际教学中却经常可以发现老师们创设的情境往往是"随心所欲"的，这个例题是购物的情境，下一个例题可能就是植树的情境，特别是一节课中存在多个例题时往往会出现此情况。这使学生在解决问题时往往刚走进一个情境思考完，又不得不到另一个情境中去探寻，事倍功半。所以，我们在研究解决问题的教学策略时提出大情境的创设，使学生整堂课都在一个情境中探究、练习巩固、总结方法。例如，在学习小数加减法的实际问题中，我们就围绕超市购物这个大情境设计问题，出示货架上的商品标价，让学生去研究若购物一共需花多少元，谁比谁多或少多少元，付 100元能找回多少元，等等。练习巩固环节也围绕超市商品标价展开。这样学生在探究、巩固时都在一个已经熟悉的情境下进行，不会把注意力拉散，学习效果非常好。

通过大情境的创设，学生的生活和数学紧密联系起来，学习更有生活的气息，拉近了知识和生活的距离，学生会觉得学习有了温度。

三、扎实建好解决问题的建模过程，培养解决问题能力——有硬度

数学建模思想的关键在于利用数学模型解决数学问题，即通过对数量关系的概括分析，对知识进行总结概括。所以解决问题中的建模过程对于学生解决问题能力的提升至关重要，也就是说学生的建模过程要"过硬"，使学生明白"为什么"和"怎么做"，扎实建好学生解决问题的模型，为拓展学习打好基础。实践研究中，我们主要通过以下途径进行：

（一）实施"论道"课堂，在说中理解、建模

数学名家吴正宪老师经常对孩子们这样说，你们看，我们遇到的问题说着说着就会了，辩着辩着就更明白了……由此可见，学生在课堂中交流就显得格外重要。所以，针对教学中的实际问题，我们结合共同体学习模式打造"论道"课堂，加强说的训练，在小组说、集体说、辩论说、生生说、师生说上下功夫，使学生建模更加准确、完整。以北京版数学六年级上册教材第 11 册工程问题课堂实录为例：

教师出示结合学生实际改编后的例题：

玲玲和东东是同村同班的好伙伴，周日两人相约一起去玩，东东到玲玲家步行需要 10 分钟，玲玲到东东家步行需要 8 分钟，两人同时从各自家里出发，最短多长时间相遇？

先共同体研究，然后开始集体交流。

A1 小组汇报：同学们，我们组在研究时发现这个问题像相遇问题，但我们找不到对应的速度、路程，希望得到大家的帮助。

生 1：我认为这个问题中的路程，可以用"1"来表示，速度不再是我们熟悉的 30 米/分等，可以根据他们走完全程所用的时间计算。如玲玲 8 分钟走完全程，她的速度可以用 1/8 表示，东东的同理，可以用 1/10 表示，你们能理解吗？

A1 小组：谢谢你的讲解，基本明白了。

生 2：A1 小组，我还可以用线段图帮你们理解一下。

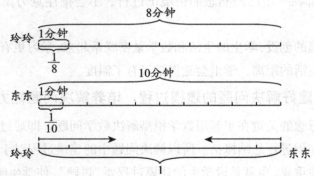

你们能看懂我的图吗？

A1 小组：通过看你的图，我们现在知道 1/8 和 1/10 怎么来的了。谢谢你。老师，通过看生 2 的线段图我能找到路程和速度了，利用以前学习的相遇问题的解决方法，即"路程÷速度和=相遇时间"就可以解决这个问题了，也就是 1÷（1/8+1/10），您说对吗？

师：老师不是法官，你要问问大家的意见。

生：响起掌声，表示同意。

生 3：老师，同学们，我还想补充一下。其实我们今天研究的问题就是教材中的例 4——工程问题。课前，我做了认真的预习，这种问题在实际生活中如果给了具体的数也可以用这种方法解决，如要做 200 朵花，小明每分钟做 10 个，小新每分钟做 5 个，两人一起合作几分钟可以做完？"200÷（10+15）"和"1÷（1/10+1/15）"的结果是一样的。今天我们学的方法可能更高级了，在这也提示大家要找准速度和路程，谢谢大家的聆听。

师：感谢生 3 的分享，其实我们今天要学的知识和以前的知识有着千丝万缕的联系，我们刚才所说的 1/8、1/10 在今天的知识中有一个新名词，叫工作效率，"1"叫工作总量，我们得到的 40/9 分叫工作时间。现在你们能尝试利用以前的数量关系把今天这三个数量关系表示出来吗？

生 4：老师，以前我们学习相遇问题时是这样解决的：路程÷（甲速度+乙速度）=相遇时间。根据今天的新名词我想是"工作总量÷（甲工作效率+乙工作效率）"，大家同意我的意见吗？

生：同意……

由上例可以看到，学生的建模是在讨论、交流中不断完成的，这样的建模过程学生印象更深刻，比说教效率更高、效果更好。

（二）以讲促练，完善建模

有位老教师曾经说过，学生会做了不一定明白了，能够清楚地讲出来，他一定明白了。这句话，就是一句朴实的真理。它呈现了学生思维发展有不同阶段，对知识认知的程度也不相同。基于此，我校在学生解决问题的能力培养上都在进行让学生"讲"的实验研究。课堂中，学生讲、学生质疑、学生解疑，用学生听得懂的语言进行交流沟通，学生对于知识的理解更顺畅、更深入。除此之外，我校在学生解决问题能力的培养上还开展了"数学小先生"学科讲堂活动，由易到难、从兴趣到能力，助力学生素养养成，使学生做个真正的"明白人"。

四、做好解决问题策略的巩固和延伸，促进学生能力的进阶——有广度

数学与生活密不可分，学数学不是为了学习后将其束之高阁，而是要将其应用在生活中解决问题，在不断应用、反思领悟中对解决问题的策略不断产生新的认识，使能力不断得到进阶。实践研究中，我们主要加大对实践活动的开发力度，结合生活实际设计学生利用所学知识解决实际问题的活动，力求在能力的发展培养上有广度。如北京版六年级下册数学活动设计：

表 2-4　北京版六年级下册数学单元知识活动设计

单元知识		活动设计	效果评价
圆柱和圆锥	活动一	制作简单圆柱，了解圆柱构成，探究表面积计算方法	
	活动二	利用圆柱体测量不规则物体体积	
	活动三	做等底等高的圆柱和圆锥，探究二者体积间关系	
	活动四	自来水一分钟流水多少千克	
比和比例	活动一	小研究：1.说说化简比和求比值 2.比的基本性质、商不变的性质、分数的基本性质相同吗？为什么	
	活动二	寻找生活中的黄金比	
	活动三	校园平面图设计	
	活动四	你能根据正比例图像尝试画一画反比例图像吗	

学生在这样的活动设计中巩固了知识，在解决问题的策略上、能力上都有了不同程度的发展。

五、利用有效评价使学生能力得到发展——有恒度

评价一直是检验课堂学习效果的一种有效途径。如何利用好评价帮助学生能力持续发展是摆在我们数学教师面前的问题。实践中，除了常规评价外，我们结合新课标中"采用多元的评价主体和多样的评价方式，鼓励学生自我监控学习的过程和结果"理念，根据学生年级特点设计了不同评价方式：

表 2-5　用数学解决问题能力评价表（低、中年级）

班级：　　　　姓名：　　　　第（　　）周

评价项目	评价等级		
	数学老师	爸爸或妈妈	我自己
解决问题我会想			
解决问题我敢说			
解决问题我能做			
解决问题我会讲			

通过大家的评价，我想说：＿＿＿＿＿＿＿＿＿＿＿＿＿＿＿＿＿＿＿＿

（注：评价为笑脸评价，教师评价为三个笑脸评价，三个笑脸为优秀，两个

笑脸为良好，一个笑脸为还需努力；爸爸妈妈和我的评价均为两个笑脸评价，很满意为两个笑脸，认为还要再努力为一个笑脸。然后把自己的感悟写在横线上）

表 2-6 用数学解决问题能力评价表（高年级）

班级： 姓名： 第（ ）周

评价项目	评价等级		
	数学老师	爸爸或妈妈	我自己
解决问题我会想			
解决问题我敢说			
解决问题我能做			
解决问题我会讲			

老师建议： _____

家长建议： _____

结合大家的建议，我认真反思后，想对自己说： _____

（注：此评价为等级评价，A 表示很满意，B 表示基本满意，C 表示一般，D 表示需要努力提高自己）

在评价中，我们重点关注教师、家长、自己三者对学生解决问题能力的评价，通过评价、反思，学生对自己有清晰的认识，有对未来解决问题能力提高的方向、策略，并且以每周一评的方式持续促进学生的发展，使其能力不断提升。

总之，"五度"策略在学生解决问题能力的培养上作用明显，我们也会在不断实践中继续调整策略，使学生解决问题的能力更扎实、更强大！

《减负背景下小学高段数学作业设计原则及实施策略的实践研究》中期报告

课题负责人 李玉秀

课题组成员：谢建光 李 健 李许贞

一、概述

作业，作为课堂教学的重要组成部分，是学科教师关注的焦点。有效的学科作业，既是课堂诊断的重要手段，又是衡量学生知识掌握水平的有效方式；有效的学科作业，既是培养学生自主学习能力的重要过程，又是培养学生学科核心素养的有效方式。通过阅读文献资料，我们发现关于作业设计的研究主要集中在国内，且我国的作业方式采用的是文本型作业方式，以记忆型和积累型为主，设计类型单一。同时，教师在布置作业过程中观念陈旧、缺少对作业质量的考量。这很显然与中小学生减负措施中的理念"立德树人，健康第一，减负提质，培养德智体美劳全面发展的社会主义建设者和接班人"相去甚远，同时与课程标准中的课程目标也相去甚远。

基于以上原因，确立了《减负背景下小学高段数学作业设计原则及实施策略的实践研究》这一课题，尝试通过研究小学高段数学作业设计的原则及策略，在布置科学、合理、形式多样的数学作业并严格控制作业总量的基础上，挖掘学生学习的潜能，提升学生的学科核心素养，培养学生的创新能力，真正实现"减负提质"，切实落实"双减"政策。

研究目标：

1. 通过开展课题研究，引起教师对作业设计的重视，改变作业设计的理念，提升作业设计的能力。

2. 依据课程标准，梳理小学高段数学不同领域对应的数学核心概念，提高作业设计的质量，丰富作业的形式。

3. 通过开展课题研究，落实立德树人的根本任务，切实减轻学生过重的课业负担，实现"减负提质"的目标。

研究内容：

1. 梳理不同领域的数学核心概念，设计作业内容，并结合不同情境的素材，丰富作业类型。

2. 在实践中，梳理作业设计的原则，探究作业设计的策略。

预期阶段成果：

1. 减负背景下小学高段数学作业设计原则的研究。

2. 减负背景下小学高段数学作业实施策略的研究。

二、研究进展情况

（一）研究过程

1. 文献研究。

由于研究的重要关键词为减负背景、作业设计和实施策略，因此课题主要采用中国知网和爱学术进行搜索，并为本文提供借鉴与参考。一直以来，作业设计都是教育界的研究热点，截至2022年8月，根据爱学术网统计数据，对"双减背景""作业设计原则与策略"进行主题检索，大约有9 852条结果，且大部分是关于"作业设计原则与策略"这一类的，还包括初中数学、高中数学作业设计，而关于小学高段数学作业设计原则及策略的研究大约有2 670条,且都集中在国内，所以笔者主要以国内文献为参考。

课题负责人及课题组针对与本课题高度相关的将近30篇文献进行了研究,梳理了小学数学作业设计的原则和实施策略。文献研究发现，小学数学作业设计的原则和实施策略主要包括丰富作业类型、激发学生兴趣、提高实践能力、培养创新思维等。目前，小学数学作业设计原则和实施策略的实践研究，主要是在核心素养目标的指导下，在巩固基础和适量练习的前提下，丰富作业类型，以激发学生兴趣为主，促进实践能力发展，培养创新思维。

2. 实践研究。

2021年9月至2022年6月，根据数学课程标准中对每个领域知识的目标与能力的要求，以使用的北京版教材在高年级段每个学期安排的教学内容为主要参考，梳理、设计与教学内容相符的不同类型作业，如基础知识检测型、动手操作型、合作型、实践型、讲解表达型的作业以及培养学生创新能力的创新型作业等。

（二）阶段研究成果

1. 小学高段数学作业设计原则的研究。

数学作业作为课堂教学的延伸，承载着培养良好学习习惯、形成终身学习能力的重要作用。课题组通过文献研究，以及结合课程标准、实际课堂教学和当前"减负提质"的背景，发现小学高段数学作业设计包括以下几个原则：

（1）遵循作业设计要能巩固知识且适量的原则。

作业，作为课堂教学的重要组成部分，首先，能够帮助学生养成及时复习的良好习惯，在巩固基础知识的基础上提高学生自主学习的能力。其次，帮助教师检测课堂教学效果，是及时调整课堂教学的重要依据。设计作业时，立足新课标，并结合课堂教学目标，通过丰富基础知识类的作业形式，比如动手操作型作业、思维导图总结型作业、实践收集数据型作业等，巩固学生的四基，提高四能。因此，重视作业设计的针对性，不仅在于关注每名学生的获得，使不同的学生在数学上获得不同的发展。同时，也要能够在质量上实现"中小学生减负措施"。作业既要落实新课程标准的要求，培养学生的学科素养，又要严格控制作业的总量。三至六年级完成作业时间不超过一小时，从而真正减轻学生的作业负担，将课外活动时间还给学生。

（2）遵循作业设计以发展学生能力为目的的原则。

学科教学在立德树人根本任务的前提下，为社会主义现代化建设培养优秀人才。而优秀人才必备的优秀品质包括团队协作能力、动手实践能力以及与人良好沟通交流的能力。

"数学来源于生活又应用于生活。"《义务教育数学课程标准（2022 年版）》再次明确了数学学科的这一属性，同时更加突出强调数学学科的核心素养目标是培养学生"会用数学的眼光观察现实世界""会用数学的思维思考现实世界""会用数学的语言表达现实世界"。在这样具有方向性目标的引领下，小学数学学科教学要达到"减负提质"的目标，作业设计就要以课程素养为根基，设计利用数学知识解决生活中的问题的实践性作业，比如利用正方体展开图，小组合作设计空气净化器的机身。这样的实践性作业，不仅需要知识的支撑，还需要小组同学的相互配合、分工合作，能够帮助学生在画图、讨论图纸的过程中提升有效沟通的能力。

（3）遵循作业设计能帮助学生培养创新意识的原则。

创新能力，是适应社会主义现代化建设必不可少的优秀品质之一。创新型作业设计，可以让学生在已有知识的基础上，综合运用知识，并创造性地运用知识解决问题。创新型作业设计，可以发散学生思维，促进学生思维能力的提升。

2. 小学高段数学作业设计实施策略的研究。

（1）作业设计的实施与丰富作业形式相结合。

数学本身就是一门比较复杂且枯燥的学科，部分学生之所以不喜欢它，很大程度是因为作业以单纯的巩固训练方式呈现给学生。教师在设计作业时，应尽可能避免这种问题。要针对学情、教学内容及教学目标，丰富作业的形式。例如"分数乘法"这一内容，在学生掌握分数乘法的计算方法基础上，结合一个儿童负重最好不要超过体重的 $\dfrac{3}{20}$，引导学生结合自己的体重，计算自己日常负重是否超过自身负重的趣味性数学题；学习"密铺"之后，设计运用两种以上的能够密铺的图形，自己设计书的封皮的跨学科创新型作业；自主动手拆长方体或正方体的包装盒，探究其展开图特征的动手操作预习作业；学习条形统计图之后，让学生以小组为单位，调查学校 12 个班中每个班学生喜欢阅读的课外书种类这种合作型作业。结合教学内容，通过丰富作业类型，激发学生学习数学和完成作业的兴趣，达到"减负提质"的最终目标。

（2）作业设计的实施策略与主题活动相结合。

结合课题研究，课题组开展了班级数学大讲堂，每周一次，由不同班级承办。通过学生录制习题讲解、数学家的故事、数学日记等内容，评选班级和年级数学小先生。数学大讲堂能够激发学生学习数学的兴趣，提高学生完成数学作业的兴趣，更重要的是，可以锻炼学生的表达能力，让学生的有序思维也得到练习。

三、研究中存在的主要问题

1. 不同领域的教学内容对应的核心素养有待进一步梳理。

2. 不同领域的教学内容布置的作业应集结成册。

四、下一步研究计划

1. 通过中期汇报，发现问题，修正调整。

2. 进一步探索小学高段数学作业设计原则及实施策略，组织课题组教师进行案例或论文的撰写，并对实施过程中积累的资料进行汇总、分类留存。

3. 分析总结课题实施过程中的情况，撰写课题研究报告，为结题做准备。

五、完成的主要阶段性成果

1. 论文：《"双减"背景下，明晰功能，提升小学高段数学作业设计的有效性》。

2. 论文：《立足课程目标，定位作业功能，促进学生数学能力的提升》。

中华优秀传统文化融入小学四年级英语教学的
策略研究阶段自查报告

课题负责人　刘　茜

课题组成员：吕　岩　韩　丹　于洋洋　李　慧　刘　峥　赵彬彬　黄丽娇
陈海波　杨　博

一、基本情况介绍

（一）核心概念界定

1. 中华优秀传统文化。

耿洪涛认为，中华优秀传统文化是"以儒家文化为核心，融合其他各家思想和西方思想，涵括了中华古代政治文明、爱国主义、人本精神、伦理道德思想、健康的民俗文化等，是与时俱进的、有中国特色的民族文化形式和文明成果"。本课题倾向于耿洪涛的定义，将中华优秀传统文化定义为能适应时代发展、能带来正能量的以儒家思想为代表的价值观、风俗、行为习惯等有中国特色的文化形式和文明成果。

本课题将着重从四年级小学生的年龄特点和心理发展特征出发，根据实际教学工作中的实践，以北京版四年级英语教材内容相关联的人（先哲圣人）、事（英雄事迹、节日故事、民风民俗等）、环境（地域环境）等为主要内容进行探究。

2. 融入。

《汉语大词典》中"融"本义是指固体受热变软或化为流体，也具有"融化""融合""流通"的含义，而"入"是指由外到内，也有"适合""恰好合适"之义。"融入"是指有形物质的彼此融合，以及无形态物质的融合，如人精神层级的融合与接纳。

而在本研究中"融入"是指中华优秀传统文化跟小学英语教学内容有机融合。整个过程以学生的认知特点和发展需要为基础，将培养学生具有爱国主义、人本精神、道德文明、健康的民俗、文化认知、情感态度和行为表现作为目标，在小学英语课堂中加入一些中华优秀传统文化的内容，让中华优秀传统文化在小学英语课堂中得以传承，让小学英语课堂变得丰富多彩。

（二）研究目标

1. 形成中华优秀传统文化融入小学四年级英语北京版教材的资源手册。

2. 探索出中华优秀传统文化融入小学四年级英语教学的方法策略。

（三）研究内容

1. 梳理出四年级英语北京版教材融入中华优秀传统文化的资源手册。

（1）梳理四年级英语北京版教材中已有的中华优秀传统文化元素。

（2）对四年级英语北京版教材中没有显现中华优秀传统文化的内容进行深入挖掘，并融入适当的中华优秀传统文化内容。

2. 中华优秀传统文化融入小学四年级英语北京版教材的教学策略研究。

（四）预期阶段成果

通过本研究，将撰写出中华优秀传统文化融入小学四年级英语教学的现状调研报告，形成中华优秀传统文化融入小学四年级英语教学的资源手册，汇集中华优秀传统文化融入小学四年级英语教学的课例集及论文集。

二、研究进展情况

（一）研究过程

1. 问卷调查研究。

（1）调查目的。

中华优秀传统文化深入小学课堂，在实际教学中凸显了诸多问题并面临着巨大挑战。为了解我校英语教师在日常教学中将中华优秀传统文化融入小学四年级英语教学现状及在实践过程中存在的问题和疑惑，促进我校英语教师教学能力的提升及本课题的顺利开展，特对我校英语教师进行了问卷调查并以此展开分析。

（2）调查对象及方法。

调查对象：我校 10 名英语教师。

调查方法：采用不记名问卷调查法。问卷共设单选、多选、开放三类题型，共计 11 道题。

问卷回收情况：共发放问卷 10 份，回收 10 份，回收率 100%。

（3）调查结果及分析。

①您的教龄是（单选）：

40%的教师选择 0~5 年；30%的教师选择 6~10 年，30%的教师选择 11~20 年。这表明我校英语教师教龄普遍较短，是一支年轻的队伍。

②您的最高学历（单选）：

80%的教师选择大学本科；20%的教师选择硕士研究生及以上。这表明我校英语教师普遍具有较高学历，具备一定的知识储备及专业素养。

③您任教的年级是（单选）：

20%的教师选择小学低年级；10%的教师选择小学中年级；10%的教师选择小学高年级；60%的教师选择跨年级。这表明大部分教师跨年级进行教学，对教材有整体的把握。

④您有几个教学班（单选）：

20%的教师选择 2 个；20%的教师选择 3 个；60%的教师选择 4 个及以上。这表明大部分教师授课班级较多，教学任务繁重。

⑤您是否了解四年级英语教材各单元内容（单选）：

70%的教师选择非常熟悉；20%的教师选择比较了解；10%的教师选择一般。这表明大部分教师对四年级英语教材了解得比较深入。

⑥您认为语言能力和文化意识的培养孰轻孰重呢（单选）：

100%的教师选择同样重要。这表明我校教师对提升学生文化意识有高度的认同感。

⑦您知道中华优秀传统文化是什么吗？包含哪些内容？

汇总教师作答内容：（a）包括社会道德、个人品德、人文素养等；（b）古诗词、古文、传统音乐、民俗技艺、戏曲、书法艺术、中华武学等；（c）儒家思想文化、中华武术、传统节日、汉语文字等。这表明教师在对中华优秀传统文化概念、内涵进行理解时，大多数老师理解得不够全面、精准。

⑧您是否经常有用英语表达中华优秀传统文化的机会（单选）：

80%的教师选择"偶尔"；20%的教师选择"经常"。这表明教师对中华优秀传统文化元素挖掘得还不够充分，融入英语教学的实践还不够深入。

⑨您在英语课堂教学时融入中华优秀传统文化的频率（单选）：

20%的教师选择经常使用；70%的教师选择有时使用；10%的教师选择很少使

用。这表明课程标准中长期以来对中华优秀传统文化的缺失导致教师在英语课堂中融入中华优秀传统文化缺乏明确的目标与导向，影响了中华优秀传统文化融入英语教学的进度。

⑩将中华优秀传统文化融入英语教学的过程中有什么困难？

汇总教师作答内容：（a）教参上没有提及，不清楚哪些中华文化知识可以融入英语知识中；（b）课堂时间的紧迫性；（c）用英语讲述中华优秀传统文化的资源不好找。

（4）整体分析。

优势：

教师年龄结构偏低；教师队伍素养较高；教师多数跨年级教学，对四年级教材内容较为了解，且对整体教材把握较好；所有教师都认同文化意识与语言能力同等重要，认同中华优秀传统文化的育人价值，为课题的深入研究奠定了基础。

不足：

受传统教育观念的影响，教师对融入的思考较少。教材的修改和编排及新课标的出台，已尽可能凸显传统文化的核心地位。但受传统英语教学观念的影响，仍然有部分教师没有达到相应的标准。要贯彻立德树人的根本原则，有效落实新课标理念，落实中华优秀传统文化的育人价值，教师还缺乏对先进教学理念的学习与分析。教师对优秀传统文化所隐含的育人价值，思考分析得还不够深入。

将中华优秀传统文化融入英语教学缺乏科学的指导，缺乏实践的指导。首先，缺少针对中华优秀传统文化融入小学英语教学的研究专著，而相关的研究专著更多出现在高中、大学等其他学段，或者思政、语文等其他学科当中。其次，缺乏实践指导。除了缺乏对中华优秀传统文化教育的理论指导，还缺乏对中华优秀传统文化融入小学英语教学的实践指导。几乎每个教师每周都会进行英语教研活动，但是开展这些活动更多是进行传统意义上的涉及"英语"的教学内容，鲜少有英语教师会在教研活动中进行中华优秀传统文化的学习，同样也缺少涉及中华优秀传统文化融入小学英语教学的主题培训、专题讲座等活动。

（5）采取措施。

通过问卷分析结果，我们将制订具体实施计划，利用教研活动时间，结合课标，对教材进行进一步的分析和解读，并共同对每单元的中华优秀传统文化要素进行梳理，探索中华优秀传统文化与教学内容整合的策略。同时，为教师创造更多"走出去"的机会，丰富教师教学经验，不断提升教师的教学能力。

2. 开展实践研究。

（1）建立健全组织机构，全力支持课题研究。

为了保障课题研究顺利开展，我校将课题研究纳入英语年度组工作计划，依据计划，积极开展研究。2021年11月召开课题组会议。结合前期问卷，先对教师教学中存在的问题进行收集、分析、整理，然后结合当前教育改革及教育理念的新要求，谋划课题研究的方向，接下来将总的研究思想与个性化问题进行剖析，分析出研究主线，再将研究的方向告知每位英语教师，各教师结合教学实际问题，在大研究方向上，明确研究内容，进行深入研究。在此过程中，也会依据研究需求形成自上而下的培训及研讨，以及自下而上的问题分析及研究成果收集，最终形成全体英语教师参与科研的良好氛围，也因此形成了本次课题研究的层级梯队，即组建了以课题负责人、英语组长为统领，以区、校骨干教师为中坚力量，以普通教师为研究个体的教师研究梯队。层级研究梯队的不断完善，有效保证了课题的落实与推进，为提升教师的科研水平提供了坚实的人员保障。

（2）细化职责分工，全力深入开展研究。

课题组细化了成员分工。2021年11月至2022年2月，对北京版英语教材四年级上册6个学习单元内容进行分配，课题组成员每人负责一至两个单元的教材内容分析。2022年3月至2022年5月，对北京版英语教材四年级下册6个学习单元内容进行分配，课题组成员每人负责一至两个单元的教材内容分析。同时，为保证教师研究的有效推动，保证课题研究不偏离方向，在研究过程中我们制定了相应的适宜课题开展、教师专业发展的制度：各校区内每周进行一次教研，每月开展一次研究成果汇报交流。

（3）共研共学，扎实开展课堂实践。

在课题研究过程中，教研组成员进行深入的实践。寻找并归纳中华优秀传统文化与教材的结合点，由四年级英语教师进行教学实践，反复印证绘本在课堂中运用的方式及策略。如在北京版四年级上册第六单元（May I take your order?）中，引导学生制作中华美食菜谱，并与同学进行分享。

（二）课题阶段成果

1. 梳理北京版教材，挖掘中华优秀传统文化元素。

教材作为英语语言学习重要媒介和载体之一，在教学中的地位举足轻重，其承担弘扬和传承文化的重任。要使中华优秀传统文化自然而然地融入英语教学，需要教师仔细研读课本教材，并归纳和整理出每本教材中的中华优秀传统文化要素。课题成员利用校内每周四教研活动时间，以四年级为集体备课年级进行教材研读。对教材单元内容进行深入梳理与分析。依据单元内容分析找到每单元显性及隐性的中华优秀传统文化元素。

表2-6　北京版四年级教材中的中华优秀传统文化元素

	单元	主题	传统文化渗透点
上册	Unit 1	Why are you so happy?	主动关心、安慰他人
	Unit 2	May I speak to Mike?	打电话礼貌用语，常给父母老人打电话，显示敬老爱亲
	Unit 3	Will you do me a favour?	互帮互助，乐于助人
	Unit 5	Which kind would you like?	中国服饰
	Unit 6	May I take your order?	中西方饮食比较
	Unit 7	What is nature?	二十四节气，"天人合一"
下册	Unit 1	Do you like music?	民乐、中西方音乐对比
	Unit 2	What's wrong with you?	主动关心他人
	Unit 3	Can you tell me the way?	乐于助人
	Unit 5	Is May Day a holiday?	中国传统节日及习俗，中西方节日比较
	Unit 6	Where can I fly the kite?	放风筝、逛庙会的节日习俗
	Unit 7	What happened to the floor?	道歉礼仪

2. 形成中华优秀传统文化融入小学四年级英语教学的方法策略。

中华优秀传统文化中蕴含着丰富的教育元素，将中华优秀传统文化融入英语实践活动中，能培养学生的跨文化交际能力，帮助学生坚定文化自信、感悟传统美德、提升文化品位，从而落实立德树人的根本任务。

（1）课堂渗透法，坚定学生文化自信。

课堂作为文化传播的主要阵地，也是将中华优秀传统文化融入小学英语教学的重要发力点。要达到高效利用课堂各环节有效融入中华优秀传统文化的目的就必须注重课堂教学环节的"趣味性""实用性""层次性"。设计的任务要有真实感，能贴近学生的现实生活，从学生的生活经验出发，引领学生用听、说、读、演、绘等形式运用英语，不仅能提高学生的语言表达能力，提升学生的语言素养，而且能强化学生对中华优秀传统文化的热爱，帮助学生坚定文化自信、厚植家国情怀。

如在北京版英语教材四年级下册 Unit 1 "Do you like music?" 第一课学习音乐类型 Folk music 短语时，教师首先通过出示二胡、笛子、琵琶等经典的传统民族乐器的图片及单词，让学生了解中国传统乐器的表达；而后展示了我校古筝、腰鼓乐团的演奏片段，让学生感受民乐韵律美的同时，充分展现了我校民乐社团的风采，激发学生对民乐的热爱及参与学校民乐社团的热情，有效在英语课堂渗透传统文化的同时，又将其进行了进一步的延伸。

（2）主题实践法，提升学生文化品位。

①京剧脸谱绘起来。

在小学英语融入中华优秀传统文化的联系环节，切忌一味使用练习法，切忌单一地读写。要设置形式各异、丰富多彩的活动，让学生在活动中激发情感、开拓思维。比如，在北京版英语教材四年级上册 Unit 1 "Why are you so happy?" 中，主要话题为情绪表达，其中涉及大量表情类单词，为了让学生更加直观生动地学习表情类单词，且和中国传统文化有机结合，因此可以将京剧脸谱引入课堂，让学生在脸谱模具上绘画各种表情。此举不仅增强了教学的趣味性，还引发了学生对京剧脸谱的浓厚兴趣。

②文化故事听起来。

故事具有引人入胜的特点，在进行教学设计过程中，将中国故事融入其中，利用学生的好奇心和想象力打造生动有趣的课堂，有助于培养学生良好的学习习惯和思维模式。教师在讲授新知中插入中华传统故事，在吸引学生注意力的同时还能启发学生进行思考。如在北京版英语教材四年级下册 Unit 5 "Is May Day a holiday?" 中，讲解 Dragon Boat Festival 时可引入屈原的人物故事，通过故事的独特内涵，创设出真实、合理的情境，从而更好地激发学生学习兴趣，培养学生预测、推理、分析、评价等思维品质。

在新授环节需要学生掌握文本内容，更应融合中华优秀传统的文化品质和精神内涵。如在北京版英语教材四年级上册 Unit 3 "Will you do me a favour?" 中，可以通过司马光砸缸的故事等，培养学生乐于助人的品质。

③节日习俗做起来。

广实践，话清明。在北京版英语教材四年级下册 Unit 5 "Is May day a holiday?"

的学习中进行了拓展，设计了清明节实践课。本课首先通过视频资料介绍了清明节的起源及清明节的相关习俗。而后让学生通过"What's special about this day？"的问答活动来内化各种习俗的表达。最后将学生分为四组，一组为风筝制作组，二组为彩蛋绘制组，三组为柳帽编织组，四组为青团品尝组。学生依次体验，并运用"We...on this day."来表达，如"We fly kites on this day."，学生在实践过程中感受了我国特有的文化习俗并习得了英语的表达方式，使中国传统文化在英语课堂中得到了生动的展现。

做月饼，品中秋。在学习 Unit 5 "Is May day a holiday？" Lesson 17 中的 Let's do 板块时，进一步进行拓展，向学生讲述并展现了月饼的制作过程，鼓励学生和家长在中秋节到来之际制作月饼并将制作过程及照片与同学分享。在分享的过程中，学生展现了在家长指导下和面、擀皮、包馅、脱模、烘焙等过程，并用英语进行介绍。学生纷纷表示做月饼让他们对中秋节有了更深了解，并且觉得在和父母制作月饼的过程中深刻理解了团圆的幸福。

三、研究中存在的主要问题

1. 部分教师缺乏对"新课标"和教材的深入研读，缺少对教材中非文本信息的关注，对于教材中所蕴含的中华优秀传统文化要素没有进行深入挖掘，还需进一步加强对教材的细致研读。

2. 教师所梳理的单元传统文化要素还比较单一，内容挖掘得还不够深入、具体，还需要进一步细化和完善，可以进一步细化出每课的资源点。

3. 中华优秀传统文化融入小学四年级英语教学的方法策略还不够丰富。在今后的研究中还需要进一步加强实践与教研，进一步丰富方法策略，以期更好地将中华优秀传统文化融入教学当中，帮助学生建立正确的价值观，并成为中华优秀传统文化的践行者和传播者。

4. 对于课题中的阶段成果收集得还不够系统、及时，还需要进一步明确研究内容，明确分工，明晰节点，加强对阶段成果的整理。

四、下一步研究计划

1. 定期开展课题组交流研讨活动，进一步明确课题组人员分工。课题组成员就相应单元进行深入挖掘，寻找适当的中华优秀传统文化元素，通过交流研讨，不断为课题组成员开拓思路，形成更加完善的资源手册。

2. 通过建立评价奖励机制增强教师的研究积极性，同时为教师提供外出学习、校内交流、组内展示等平台，开阔教师视野，聘请校内外老师帮助教师进行案例梳理，提升教师写作水平，为教师提供参与评奖的机会与平台，激发教师的研究内驱力。

3. 积极与区教研室老师联系，请他们作为课题研究顾问，定期对课题的研究过程及成果进行跟踪指导，规范课题研究成果。

4. 由四年级英语教师进行教学实践，通过不断实践，探索资源手册的使用策略，形成论文集。

小学体育家庭作业的设计与实施策略

课题负责人 回秀云

课题组成员： 朱瑞岗 程 阳 亢青青 刘海深 韩高鹏 宁 波 张 强 张学兵 陈景花

体育锻炼是一个实践性的过程。从学生的个体发展看，它不仅能使学生掌握体育锻炼的知识技能，发展体育能力，还能提高学生的心理素质、生理素质。就学校体育教育来看，养成体育锻炼习惯能促进群众体育行为广泛普及与经常化。小学体育家庭作业实施策略的研究，目的是有效地落实体育家庭作业的实效性。其既能帮助学生掌握技能，学会运动方法，促进他们自觉地参加体育锻炼，最终形成良好的运动习惯和终身体育锻炼的意识，为未来社会健康新理念的实施奠定基础；又能增强学生体质，增进亲子沟通，培养学生终身锻炼的好习惯，为学生的健康成长创造良好的家庭氛围。

一、基本情况

研究目标： 1. 通过本课题的研究，学生初步形成利用业余时间进行身体锻炼的习惯，同时身体素质得到提高。

2. 通过体育家庭作业内容的设计，实施方式的研究，营造家庭体育文化，促进亲子关系和谐发展，培养学生终身体育锻炼的习惯。

研究内容： 1. 体育家庭作业内容的设计，研究怎样科学合理地协调布置各项练习内容，最大限度地减轻学生的负担。

2. 体育家庭作业的实施策略，能够有效地促使学生养成"健康第一"的理念和终身体育意识。

预期阶段成果： 1. 小学体育家庭作业内容的设计。2. 小学体育家庭作业的实施策略。3. 小学体育家庭作业的评价方式。

二、研究进展情况

（一）研究内容的落实情况

针对体育家庭作业的设计与实施已有现状的调查、现阶段体育家庭作业内容的设计、现阶段体育家庭作业的实施策略情况采用了以下研究方法。

1. 文献研究。

由于研究的重要关键词为体育家庭作业，因此课题组主要在中国知网上搜寻有关研究并为本文提供借鉴与参考。一直以来，体育家庭作业都是教育界的研究热点，现有体育家庭作业的研究为我们的研究提供了较好的理论支持，我们可以借助已有策略开展本课题的研究。但现有研究关于体育家庭作业的内容设计形式单一，脱离了学校学生实际情况，这无疑增加了学生和老师的负担。大多数学校实施体育家庭作业的情况不多。此外，体育家庭作业的实施策略也比较单一。因而，开展此项研究，可以让学生体验不同的体育项目带来的运动乐趣，帮助学生掌握运动技能，学会运动方法，促进他们自觉地参加体育锻炼，最终形成良好的运动习惯和终身体育锻炼意识，为未来社会健康新理念的实施奠定基础。同时，还可以增强学生体质，增进亲子间沟通，培养学生终身锻炼的好习惯，为学生健康成长创造良好的家庭氛围。

2. 实践研究。

我校属于农村校，很多学生是当地农民的孩子。受到学校周边环境变化、生活方式改变、电子产品普及以及升学压力的影响，学生体育锻炼时间不能得到切实保障，学生体质健康状况不容乐观；受场地和观念的影响，大部分学生没有体育锻炼的习惯，身体素质呈现下降趋势，肥胖率、近视率逐年增加。教师要想全面锻炼、发展、增强学生的身体素质，就要培养学生利用课余或假期时间自觉锻炼的习惯。

为营造良好的校园锻炼氛围，通过大量的调查问卷了解学生家庭体育锻炼情况，根据调查结果设计出具有针对性的延伸体育课堂教学内容、学生体质测试内容、自选体育锻炼内容及丰富且形式多样的体育家庭作业。设计了适合我校的体育家庭作业类型，包括基础性作业、自选类作业、巩固性作业、合作型作业。通过家校协同、评价激励、定期单项赛、亲子运动会展示等实施策略，落实体育家庭作业的实效。

（二）阶段研究成果

1. 小学体育家庭作业内容的设计。

体育家庭作业的目的不是强制学生参加运动项目的练习，而是使学生养成良好的自主参与锻炼的习惯，改善学生身体状况，促进亲子关系的和谐发展，提高学生体育文化素养和健身能力，养成终身体育锻炼习惯。这就需要打破体育作业的形式和内容，布置适量体育作业，让学生主动参与到体育活动当中。适量的作业内容能够让学生在课余时间体质能力得到提高。课题组通过大量的文献研究和调查问卷，结合我校学生的实际情况，设计出了适合我校学生的体育家庭作业形式。

（1）基础性作业。

教师在设计这类作业时，要依据《国家学生体质健康标准》的规定，根据学生不同的身体素质制定不同的标准，使每个学生都能明确目标。例如，以二年级女生一分钟跳绳为例：优秀为113~127个、良好为97~105个、合格为27~90个、继续努力为12~24个。学生在锻炼中增强身体素质，形成良好的锻炼习惯。

（2）自选类作业。

对于学生成长来说，运动兴趣的影响很大。课题组通过调查搜集学生比较喜欢的运动项目，如篮球、足球、慢跑等，充分了解学生存在的个体差异，因材施教，满足不同学生的发展需要。采取自选作业策略，可以让不同层次的学生自主选择适合自己的作业，并制作签到表格。表格由学生自行填写，教师定期检查学生的完成情况。

（3）巩固性作业。

布置这类作业要和校内体育课堂教学内容紧密相连，目的是让学生在完成作业的同时加深对体育知识技能的理解和提高。

（4）合作型的作业。

学生的成长受父母影响很大，包括父母对子女的支持程度、认可程度、包容程度等。小学阶段学生年龄小，对自己的父母有很强的依赖性。这时，父母应给予孩子更多的关爱，孩子才能健康成长。课题组教师充分利用这一关系，设置了亲子合作型的作业，帮助父母和子女建立更多的交流，营造良好的家庭氛围。结合实践经验，课题组设计的"传递快乐""跳房子"家庭作业深受学生的喜爱。

2. 小学体育家庭作业的实施策略。

（1）借助信息手段督促学生完成作业。

当今社会信息技术已经融入家庭，小学生爱玩、爱运动，但是自觉性不够，初始阶段的家庭体育作业实施反馈形式是家长利用班级群组将学生家庭作业以图片、视频的形式上传来完成的，家长帮助与督促学生完成作业、养成体育锻炼习惯。

（2）研制《体育家庭作业评价手册》，引导学生完成作业。

为了促进体育家庭作业有效实施，编制以学生发展为本，遵循适量、安全、趣味多样、简单易行的设计原则，开发一套适合我校实际的《体育家庭作业评价手册》（以下简称《手册》）。《手册》共六本，每个年级一本。内容包括：①了解运动项目，以《国家学生体质健康标准》测试项目为主，补充项目依据学生年龄特点设计。②我的体育家庭作业，包括课题组设计的适合我校学生的四种类型作业、作业目标等内容。③每周小结，学生从自身完成作业情况、完成效果方面进行自我评价。④家长反馈，对学生在家完成作业情况进行评价。⑤运动诊断，教师根据学生作业完成情况提出建议。

如何运用好《手册》，课题组也明确了管理流程。每周由体育委员收齐，交给班主任统计学生一周锻炼情况，并将一周学生锻炼情况汇总表交给体育教师来记录，最后评出每月体育锻炼达人。

传统的作业评价以教师的批改为主。这种评价缺乏激励性，不能很好地激发学生兴趣，不能全面地评价学生。在体育家庭作业实施过程中，《手册》把学生的自评、学生之间的互评、教师的多元评价相结合，使学生每天乐于完成作业，同时促进了师生、生生、家长和学生之间的交流互动。

（3）开展竞赛，激励学生完成作业。

按照各年级的作业计划，每月进行全体学生参加的群体单项赛活动，给学生提供自我展示和挑战的平台。通过竞赛的方式激发学生体育锻炼的兴趣，提高学生完成作业的效率，同时能检测学生体育家庭作业记录单的真实性。

（4）亲子运动展示，提高家长参与学生作业管理意识。

父母是孩子的第一任老师，父母正确的生活态度和价值观，对培养学生良好的体育习惯起着重要作用。学生和家长一起认真完成自选体育作业，有利于营造良好的家庭体育运动氛围。学校各年级定期举办亲子运动展示活动，以家庭为单位进行不同内容的展示，采取图片或视频的形式上传到班级群。其既可以检验学生完成作业的情况，又让家长在陪同孩子完成作业的过程中，促进亲子的沟通和交流。

三、研究中存在的主要问题

（一）进一步完善《手册》，利用《手册》培养学生体育锻炼能力。

（二）体育家庭作业的内容缺乏整体性。

四、下一步研究计划

（一）通过中期汇报，发现问题，修正调整。

（二）进一步探索小学体育家庭作业的实施策略，组织课题组教师进行活动案例的撰写，并对实施过程中积累的资料进行汇总、分类，做好资料的补充、完善工作。

（三）分析总结课题实施过程中的情况，撰写课题研究报告，为结题做准备。进行课题的全面总结，系统整理，制订课题的延伸推广计划。

农村小学足球校本课程建设研究报告

课题负责人　回秀云

课题组成员：朱瑞岗　程　阳　亢青青　刘海深　韩高鹏　宁　波　张　强
　　　　　　张学兵　陈景花

魏善庄镇第一中心小学以"生命教育"为引领，以"健康、自主、合作、创造"为内涵，以"每个生命都精彩，世界因我而不同"为办学理念，开发了多层次、多类型、多规格的校本课程，助力学生核心素养的提升，为学生的可持续发展奠定基础。

足球校本课程具有开放性、自主性、挑战性、综合性的特点，是一个连续不断地建设的过程。在设计本课程的过程中，我们将多元智能理论在课程中的突出体现进行了细化。

校园足球活动与生命教育紧密联系，以身体运动为基本形式，运动的过程中包含生命知识。我校在开展校园足球活动的具体过程中，让学生得到了丰富的、形式多样的生命体验，在具体的实践活动中激发学生的内在生命意识，挖掘学生的生命潜能。

一、课程研究背景

（一）贯彻落实国家要求

教育部、国家体育总局、共青团中央联合下发的《关于开展全国亿万学生阳光体育运动的通知》中提出："开展阳光体育运动，要进一步提高对体育的认识。"结合《关于开展全国青少年校园足球活动的通知》精神，我们认为，足球运动是一项激烈而富有魅力的运动项目，它能够在调动学生兴趣的基础上，提高学生的体质健康水平。并且足球运动本身就是体育课堂的重要组成部分，是促进学生全面发展的必然要求，这为课程的开发提供了制度保障和依据。

（二）学生需求

我校处于农村地区，很多学生是当地农民的孩子，还有外来务工人员的子弟，这些孩子身上有几大优点：吃苦耐劳、活泼好动、身体素质好。这为我校体育课程的开展打下良好的基础。

为了解学生对校园足球活动的需求情况，我们对学校的 200 余名学生进行了匿名问卷调查。

你喜欢足球运动吗？[单选题]

选项	小计	比例
非常喜欢	96	45.07%
喜欢	69	32.39%
一般	34	15.96%
不喜欢	14	6.57%
本题有效填写人次	213	

你愿意参加校园足球活动吗？[单选题]

选项	小计	比例
非常愿意	96	45.07%
愿意	69	32.39%
一般	34	15.96%
不愿意	14	6.57%
本题有效填写人次	213	

你父母支持你参加足球运动吗？[单选题]

选项	小计	比例
支持	181	84.98%
不支持	4	1.88%
不支持，也不反对	28	13.15%
本题有效填写人次	213	

你平时在学校操场活动时会踢球吗？[单选题]

选项	小计	比例
经常在操场踢球	63	29.58%
很少踢球	61	28.64%
偶尔踢球	89	41.78%
本题有效填写人次	213	

图 2-3　魏一小西芦堡完小校园足球活动调查问卷结果

从调查的情况来看，213 份问卷中，选择"非常喜欢"和"喜欢"的比例分别占 45.07%和 32.39%，选择"不喜欢"的仅占 6.57%。喜欢足球运动的学生占到了 77.46%，这个结果说明很多学生还是比较喜欢足球这个运动项目的，这对我们开展校园足球运动有了一定的推动作用。

从学生参加校园足球活动意愿的情况看，45.07%的学生非常愿意参加校园足球活动，32.39%的学生愿意参加校园足球活动，仅有 6.57%的学生选择不愿意参加足球活动。

从家长支持学生参加足球运动的情况来看，84.98%的家长支持孩子参加校园足球活动。家长的支持会对课程的开设起到一定的促进作用。

从学生在校参与足球运动的情况来看，仅有 29.58%的学生经常在操场踢球，41.78%的学生偶尔踢球，很少踢球的学生也达到了 28.64%，这反映出目前学校开设的足球课程不能满足学生的需求，还需进一步加强足球课程建设，创设人人参与足球运动的条件，提高学生足球运动的参与率。

通过以上分析可以看出，足球在我校学生眼中已成为最受欢迎的体育项目，绝大多数的家长希望自己的孩子能够参与足球运动。国家基础课程《体育与健康》中足球教学内容不能满足学生对足球项目的需求，学生体验不到足球本身的乐趣，从而降低了学习的积极性和主动性。为此我校尝试将快乐足球与课堂教学相结合，并进行实践研究，于2013年9月启动了足球校本课程的设计、准备工作。

基于以上背景及学生情况分析，我们进一步开展了"在小学开展校园足球运动的途径方法"的研究，以培养学生对足球运动的兴趣，促进他们足球运动能力的提高，为学生健康成长服务。

（三）学校生命教育课程的育人目标的需求

在学校"每个生命都精彩，世界因我而不同"的生命教育办学理念引领下，学校的总体课程目标为"孕育一生良善、终身好学的新生命"，突出内涵为"健康、自主、合作、创造"。其中"健康"是生命个体存在的基础，包括健康的体格、良好的心理状态和融洽的社会适应能力，而体育课程由于其独特的功能，在学校生命教育课程体系中起着举足轻重的作用。

基于学校总体课程目标，体育课程的育人目标确定为：强身健体，快乐学习，提升素养，全面发展。学校希望通过体育课程的实施，开展丰富多彩的校园体育活动，促使学生在学好课堂知识的同时，重视兴趣爱好的培养，激发同学们的学习热情，培养学生高尚的道德情操，帮助学生拥有更强健的身体、更顽强的意志、更健全的人格。

健康是生命教育的基础。秉承"少年强则国强，少年智则国智"的理念，我校本着"每天锻炼一小时，为祖国健康工作五十年"的传统，把"身心健康"作为学生核心素养之首，充分发挥体育的育人功能。因此，"校园足球"课程的开发与实施，能够充分培养学生团结协作的能力和坚持不懈的精神，使学生有责任、有担当，学会健康生活。

二、课程的开发

（一）课程建构的过程

在课程开发过程中，学校教师引导学生了解足球文化价值，转变对足球的认识，包括以下三个阶段：

1. 关注特长学生的需求，初步建构足球实践活动课程。

第一阶段的课程开发，我们首先选拔了有足球特长的学生，以足球实践活动为切入点，对教材中足球部分的教学进行了梳理，根据活动内容、涉及的足球基本技巧以及需要培养学生的足球能力等方面，进行课程的设计与开发。

2. 关注学科融合，开发系列拓展课程。

我们对第一轮的基础类课程进行了再次思考，在梳理大量的案例之后，我们发现目前的课程更多关注了足球本身的知识性，对于拓展性、跨学科整合方面还不够深入和充分。于是我们继续开展课题研究，在课程建设中以科研促发展，以研究促校本课程的开发，设计课程架构。

3. 以课题研究为依托，完善课程体系。

第三阶段课程开发基于顶层设计，研究在"强身健体，快乐学习，提升素养，全面发展"课程理念下如何强化足球技能和足球文化，凸显足球的育人功能。

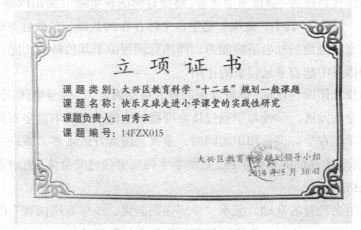

立 项 证 书

课 题 类 别：大兴区教育科学"十二五"规划一般课题
课 题 名 称：快乐足球走进小学课堂的实践性研究
课题负责人：回秀云
课 题 编 号：14FZX015

大兴区教育科学规划领导小组
2014 年 5 月 30 日

图 2-4　区级课题立项证书

我校申请立项区级科研课题《快乐足球走进小学课堂的实践性研究》，目的是增强校本课程实效性。明确了校本课程的特色教育思路，使之能够科学系统地开展，形成足球教育特色。进一步开展对课堂教学和学科整合的系统研究，在专家的指导下，进行教学设计、课堂教学、课程资源开发，使校园足球文化与特色课程建设相互促进。

（二）课程目标的确定

1. 在落实生命教育课程体系基础上，将足球运动融入教材之中，使学生感知足球文化，领略足球精神，激发学生的学习热情。

2. 使学生健全人格，磨炼意志，增强身体素质，发展个性，培养其终身进行体育锻炼的习惯。

三、课程结构及内容

（一）课程结构

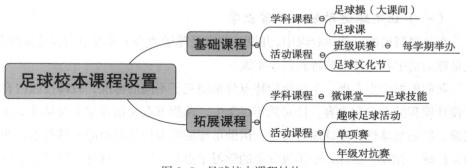

图 2-5　足球校本课程结构

在学校生命教育课程理念下，确立了足球校本课程的结构体系。足球校本课程是在落实国家基础体育课程的基础上，个性化发展足球项目，用来满足不同层次学生的不同需要，从而促进学校对学生健全人格的培养。

课程依据学生的发展需要和课程发展的趋势，综合构建横纵贯通、多位协同的课程模式。足球校本课程分为基础课程和拓展课程两大类。每个类别下又分为学科课程和活动课程两种课型。学科课程主要是在课堂上讲授足球的基本技能，培养学生兴趣。该课程一方面满足全体学生的需要，另一方面将足球元素融入各学科中，在学科中渗透足球教育。活动类课程主要通过各种实践活动让学生在活动中体验足球的乐趣，发挥学生特长，培养良好品质，健全人格。

（二）课程内容

1. 基础课程。

基础课程是指对体育与健康原有足球教材进行梳理，对现有学生足球水平进行定位，把运球、颠球、控球等作为教学内容，改变以往单一的学练方法，将足球技术的学习融入足球游戏、足球比赛当中。基础课程分别在低、中、高学段开展，利用每周一节的体育课。每学期 20 课时。

2. 拓展课程。

拓展课程是在基础课程之上注重发展学生的足球特长，培养个性，为终身锻炼打下基础。该课程力求满足学生个性需求，进一步发展学生的创新精神和实践能力。该课程结合学科内容、少先队活动渗透足球精神。例如：将足球与舞蹈整合创编足球啦啦操，利用黑板报、征文绘画比赛来提高学生的参与度，以定期举办年级对抗赛，趣味足球活动等不断完善拓展课程。

四、课程的实施

（一）让足球运动融入日常教学

在每班每周的三节体育课中，开设一节以足球运动为主要教学内容的体育课，把足球运动中各项技术分解到各个年级。

我们根据学生心理、生理年龄特点分别制定了不同的标准，教师按照内容权重设计课程的重点和内容。针对低年级学生，课程重点是培养学生对足球运动的兴趣，以熟悉球性、控球能力为主，借助足球游戏来传授简单的足球技术，如颠球、拉球、扣球、挑球；中年级学生的学习重点是发展学生球感，学习基本控带球技术、传球技术，开展小场地比赛；高年级学生以赛代练，培养学生在比赛中的团队配合能力，进一步提升足球技能。

（二）融合多学科，培养学生综合素养

在每周的课外体育活动中开设足球小社团并制定具体的要求。根据实际需要，使足球校本理念融入音乐、美术、语文等学科课堂中。打破学科边界，构建"跨学科"课程。

足球是一项竞技比赛，在参与过程中，学生的必备品格和关键能力自然有所提升，但仅仅依靠体育课堂，其发挥的作用是单薄的。因此，我们将足球校本课程与其他学科进行融合，构建"跨学科"融合课程，在足球精神的培养过程中，推进教育教学质量的提高，积淀校园足球文化，打造文化磁场。学生在美术课上设计出了本班球队的队徽、吉祥物，在劳动课上动手制作出了球队的队服，在数学实践课上进行了足球场地的测量，在语文课上学生写出了自己对足球活动的真实感受，写作水平得到了提高，在音乐课上学生创作了球队的队歌。

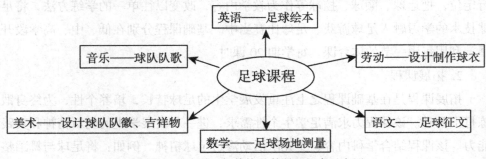

图 2-6　足球课程与其他学科课程整合示意图

（三）组织比赛、展示活动，让学生体会足球的快乐

1. 利用比赛培养学生对足球运动的兴趣。

在课堂教学的基础上，组建班级足球队，学校定期举办班级联赛，旨在为学生展示足球技术与战术水平搭建平台。调查表明，孩子们对此十分喜欢。根据不同年龄段少年儿童的特点和需求，创造性地推出足球游戏活动、足球文化活动、足球竞技活动三位一体的活动模式。高年级举办年级对抗赛，中低年级举办足球趣味活动、单项比赛。在比赛中球的滚动与飞行，同伴的跑动与传球、进攻与防守都在不断变化。学生对时间、方位、距离的判断也在不断变化中调整和掌握。足球活动集体性强，同伴之间相互配合，相互鼓舞，能很好体现团队精神和参与意识，培养学生勇敢顽强、积极主动、相互合作的精神。

图 2-7　年级对抗赛

2. 将课程与校园足球文化节有机整合。

利用校园的橱窗、走廊及班级的墙壁、板报，展示学生在本课程中完成的优秀作品、创新设计比赛作品以及有创意的不同主题的图案和作品，使之在美化校园、渗透足球校园文化的基础上，为学生开辟展示自己成果的"阵地"，使学生获得成就感。

为了推动课程的开展，培养学生对足球的兴趣，我们每学期会在全校范围内组织 "快乐足球月"活动。活动的具体内容为三至六年级举办"校园足球知识竞赛"、《我与足球》征文活动、足球啦啦操比赛、班级联赛；一至六年级举办"足球绘画"活动，收集获奖作品编辑成册，在学生之间传阅。通过活动，即使那些不能在场上比赛的学生、不喜欢足球运动的学生，也对足球这项运动有了了解并喜欢上了这项运动。

图 2-8　足球手抄报

图 2-9　足球摄影作品《过人》

（四）结合学生年龄特点，创编趣味足球操

我们依据不同年级的学生实际情况开展足球教学，创编了体操与足球技巧相融合的足球操，并在大课间活动中推广，让越来越多的学生了解足球、热爱足球，同时增强了对运动的兴趣。

足球操既能增强学生体质，培养学生拼搏进取、团结协作的体育精神，又可以提高学生对足球的兴趣，普及足球技能。

（五）对体育教师开展有针对性的培训

在课程建设过程中，我们针对实际问题，研讨对策、设计方案，并在课堂、系列校园活动中实施、研讨、完善，积累案例和大量活动过程材料并进行分析，总结经验。聘请专家对教师进行"欢乐足球进校园"的培训，并举办"快乐足球，完善学生人格"家长讲座。

五、课程评价

我校课程评价指导思想是"突出评价的发展性功能和激励性功能，重视对学生学习潜能的评价，立足促进学生学习的发展"。调动学生主动参与评价的积极性，实现评价主体的多元化。

（一）学生评价

1. 学生成长档案。

成长档案的实施着眼于"立足过程，促进发展"的评价要求，注重评价主体的多元化，注重对学生学习和发展过程的评价，重视评价内容的多样性，通过真实深入地再现学生的发展过程去引导、鼓励和促进学生的发展，为学生的成长提供条件。

2. 关键事件。

让学生自主记录成长中的关键事件，引导学生在有关校园足球活动中采用简洁的语言，有代表性的图片、影像等，在课堂教学、活动比赛、社团训练等方面，对关键事件进行自主记录。

3. 树立榜样。

通过评选"足球小达人""最佳守门员""最佳射手"等，学生能寻找身边的榜样，通过与榜样做对比、找差距，挖掘自身潜能，促进自我发展。

图 2-10　最佳射手

图 2-11　足球小达人

（二）教师评价

教师是课程开发的实施者，学校通过上课、听课、研讨等活动进一步更新足球校本课程的思想，有利于激发教师对课程开发的积极性，有利于课程的改进，提高课程质量。

六、课程影响

（一）学生受益

足球校本课程的开发和使用使一批学生的足球技术迅速提高，我校足球队在市区级中小学生足球联赛中连创佳绩。同时涌现出了很多优秀的学生，向市、区级代表队输送多名优秀运动员。

图 2-12　我校获联盟杯比赛冠军

图 2-13　我校获北京市五人制比赛冠军

表 2-7 学生参加市区级活动获奖情况

序号	获奖内容	举办单位
1	2016 年北京市中小学生花样跳绳比赛三等奖	北京学生活动管理中心
2	大兴区中小学生校园足球比赛小学男子组第二名	大兴区教育委员会
3	北京市中小学生足球联赛小学男子学校组第二名	北京市教育委员会
4	大兴区中小学生校园足球比赛小学男子组第二名	大兴区教育委员会
5	"中国青少年校园足球发展计划·欢乐足球游戏"北京大兴区展示活动二年级组第二名	中国关工委
6	大兴区中小学生足球比赛小学男子组第二名	大兴区教育委员会
7	"中国青少年校园足球发展计划·欢乐足球游戏"北京大兴区展示活动二年级组第三名	中国关工委
8	大兴区中小学生足球比赛小学男子组第二名	大兴区教育委员会
9	大兴区中小学生足球比赛小学男子组第四名	大兴区教育委员会
10	大兴区中小学生足球比赛小学女子组第五名	大兴区教育委员会
11	2015 年北京市传统校项目学校足球比赛小学男子乙组第七名	北京市教育委员会
12	2015 年大兴区中小学生校园足球"联盟杯"第二名、第三名	大兴区教育委员会
13	2015 年大兴区中小学生足球比赛小学女子组第三名	大兴区教育委员会
14	2015 年大兴区中小学生足球比赛小学男子组第二名	大兴区教育委员会

课程实施过程中，我们基于学生实际需要设计各项活动，内容贴近学生生活，活动形式生动多样，深受学生喜欢，同时学生的身体得到了锻炼。和前期的调查问卷相比，之前不喜欢足球运动的学生也喜欢上了足球这项运动，积极投身到与足球相关的各项活动中。绝大多数学生的身体素质得到了提高，肥胖率下降了，标准体重人数指标上升，北京市中小学生体质测试优秀率、良好率明显提高。除此之外，孩子们的组织能力、合作能力、展示表达能力也得到了有效的锻炼。

（二）教师受益

1. 在课程开发实施过程中，教师的教学观念和育人观念发生了突破性的改变。首先，老师们意识到自己逐渐从教材的使用者转变成课程的设计者。其次，在育人上遵循教育规律，尊重儿童的生理、心理发展，由关注学生知识结果的获得逐渐转变为关注学生在活动中的学习方式、合作方式等，更多地去思考如何全面育人，如何让学生在学习过程中享受快乐。

2. 开发图文并茂的校本教材，降低教学难度。不同年龄段的学生身体素质及认知明显不同，在设计校本教材时，我们根据学生的认知，为每种足球技能和足球游戏配上图示和说明，直观而具体地化解了教学难度，保证了足球校本课程的教学质量。

图 2-14　足球校本教材

3. 教师的科研能力、反思能力、表达能力都有很大的提高，一些老师的论文、课例多次获市区级奖项，优秀教师脱颖而出，我校现有市级骨干教师一名，区级骨干教师十名，另有多人成长为校级骨干教师。

图 2-15　教师获奖证书　　　　图 2-16　区级骨干教师证书

（三）足球校本课程取得的社会影响

我校校本课程的开发和使用产生了较大的社会影响：中国青少年校园足球发展计划执行委员会多位领导来我校参观指导"足球校本课程"进课堂活动；中国关工委专家到我校指导"欢乐足球在校园"活动，并在北京电视台体坛资讯节目播放；《北京晚报》以"被孩子快乐眼神感染"为题对我校足球活动进行报道；我校朗诵小组的学生参加了全国少工委组织的"海峡两岸少年中国足球梦"活动，通过参加活动学生们对自己的足球梦有了更加充分的认识。我校吴新利老师设计开展的"小足球，大梦想"主题班队会在大兴台《十分关注》节目播出。

图 2-17　中国足球元老陈家亮、陈成达、张俊秀来校指导并与小队员合影

图 2-18　中国青少年校园足球发展计划执行委员会刘建军秘书长陪同北京市教委委员曹秀云与集训小队员合影

七、课程特色与创新

（一）课程内容趣味性强，遵循学生身心发展规律

小学生对新鲜的事物有很强的好奇心，在课程建设过程中，我们注重教学内容的趣味性，加大中高学段足球游戏的比重，同时在学校的足球技能比赛中增加足球游戏的板块，极大地激发了学生的积极性。

（二）在丰富多彩的校园足球活动中，潜移默化提升学生核心素养

在设计课程用书上，我们坚持"全面、丰富"的原则，注重积淀足球文化。

在课程建设中，我们既注重足球规则、基本技术及战术的学习，又渗透了足球文化，在实践中取得了理想的效果。在"足球墙"中开设了三个板块："足球历史""名人风采"和"我是明天的球星"。让学生了解足球的起源、世界杯的由来等足球历史，丰富他们的学识；让学生感受有关足球的名人的拼搏精神、胜不骄败不馁的阳光心态，并了解这些名人在成长过程中取得的战绩，从而激发学生努力学习足球技能的兴趣，养成团结协作、勇于创新的意志品质；使学生熟知足球场地结构、了解各项规则，为开展足球技能比赛、足球联赛打下基础。

（三）设置多学科融合课程，助推学生综合素质发展

足球是一项竞技比赛，在足球运动过程中，学生的必备品格和关键能力得到提升，将校本课程与其他学科进行融合，构建"跨学科"融合课程，在注重足球精神培养的前提下，推进教育教学质量的提高，积淀校园足球文化，打造文化磁场。

图 2-19　我校小记者随队采访

八、反思与展望

　　足球校本课程的实施使学生在发展体育技能的同时，学习成绩、意志品质都在渐渐提升，我们也反观本课程的设置，对未来有了一定的展望。

　　本次课程中开展的活动，如对抗赛、小组联赛都是由教师策划实施的，而校本课程的实施是为了让学生全面发展，以学生为主体，因此，在未来的规划中，我们应多给学生空间，让学生参与活动的策划实施过程，让课程真正为学生服务，开展更加多元的活动。

吹奏奋进旋律　传承鼓乐风采

——少先队鼓号队建设的发展策略研究

课题负责人　于凯旋

鼓号队是少先队阵地建设的重要组成部分，是少先队仪式教育的重要载体，是少先队宣传阵地的重要窗口。在开展少先队活动中，鼓号队有着极为重要的作用。纵观现在基层学校的少先队鼓号队，在队伍建设、发挥作用等各方面都存在着许多不足。作为一名基层学校的少先队辅导员，我深知自身责任重大，为此也在不懈地努力，努力学习、实践、再学习、再实践。多年的鼓号队训练，让我悟出了一些训练心得，在此和大家分享一下我对鼓号队训练的一些思考。

一、提高训练保障

领导重视是做好一项工作的前提和保障。我校于 2005 年成立鼓号队，中途由于师资等问题搁置。2017 年 5 月，我校鼓号队再次成立。我们在鼓号队建设中遇到了许多困难：一是乐器老旧，跟不上时代步伐；二是训练时间得不到保障，影响训练进度；三是训练教师不够专业，影响训练效果。为此，学校专门成立领导小组，从问题导向出发，首先，多方筹措资金，购置了一批最先进的鼓乐行进乐器。其次，与教导处协调确定训练时，召开班主任与家长协调会，保障训练时间及出勤人数。再次，学校还用课后服务经费从校外机构聘请专业训练老师，保障训练效果。

二、细化管理体系

为保障训练效果，学校在健全组织机构、细化训练任务、明确选拔标准、加强团队建设、提高训练效果五方面采取了多种措施。

（一）健全组织机构

成立了以校长为组长的活动领导小组，制订了鼓号队活动方案和训练计划。

（二）细化训练任务

由于学生之间存在个体差异，在教学过程中，学校通过为学生制定分级分层的学习目标来进行激励，以此提高队员们的学习积极性。在设定目标的时候，要先考虑队员的实际情况，制定出合理的目标。所以，我采用的教学方法是因材施教，将全体队员放在不同的起跑线上。比如可以将一首乐曲划分为几个不同的目标，为每一层次的学生设定合理的目标，布置不同的任务，就不会让学生因上课听不懂而感觉无聊，也不会让学生因内容太容易而心生厌倦。分层教学的举措，让队员们感觉更有学习劲头，有效地激发了每一个队员的参与热情，使其顺利完成预期目标。

（三）明确选拔标准

学校首先让学生自愿报名，从节奏感、身体条件及纪律方面层层筛选，挑选出条件合格的队员参加鼓号队。

（四）加强团队建设

学校组建鼓号队家长群，便于家校沟通；建立活动展示机制，适时邀请家长观看现场训练，让家长看到孩子的进步；建立队员全方位管理机制，注重与班主任的沟通，了解队员的学习情况，做到对每一个队员心中有数。

（五）提高训练效果

在鼓号队的训练场上，训练的顺利进行和教学目标的完成，都需要良好的纪律做支撑。若缺少了纪律，训练就如同没有了信号灯和交警的道路一样，秩序混乱、状况百出。如何确保鼓号队训练正常进行，有效提高教学效率，是每一位教师值得思考的问题。学校通过选拔声部长的方式协助老师维持纪律，队员民主选举出一名管理能力强的队员担任声部长，负责本队的学习组织工作。声部长都由工作能力强、认真负责的队员担任，并且秉承"要想帮助别人，首先强大自己"的思想，让声部长在学习上充分发挥领头羊的作用。声部长不仅是教师组织教学时的得力助手，还是队中的一个小老师，使老师可以把时间更多地投入训练中。通过小老师传帮带，达到教学相长的效果。传帮带互学是组内结对学习、组内互学和先进带学的一种学习方式，其目的是通过结对学习、组内互学、人人争做小老师的学习方式，激发学生不服输的心理，营造一种你追我赶、激情高昂的学习氛围。通过校内音乐老师辅助教学，带领队员们进行每日基本功练习，更好地提高鼓号队队员们的基础能力。

三、优化评价方式

学校合理利用积分管理，提高学生学习积极性。积分是一种荣誉，可以让队员在争夺积分的过程中，形成一种你追我赶的良好学习氛围。通过积攒积分，学生懂得了在学习中遵守纪律的重要性，明白了自己在学习中哪些方面是没做好的，知道了如何去完善、去行动。现在实行的积分评价办法是采用加分的方式，将全体队员的积分情况公开明示在宣传栏上，既便捷又直观，让学生一目了然。一周统计一次积分，对积分最高者适当奖励一些奖状或奖品。小学生都有不服输的心理，都喜欢比赛，行动上比、心理上比，总之就是不想落后。这个方法大大提高了学生的学习积极性，因此，每次上课他们都很守纪、很认真，因为大家都想加分，都想获得更高积分，都想得到奖励，都想得到老师的肯定。

学校将鼓号队作为队员接受锻炼、增长知识、磨炼意志的舞台，在训练的同时充分挖掘并注重发挥鼓号队的教育功能，把鼓号队训练作为实施素质教育的有效渠道，作为培养学生能力的良好途径，作为学生锻炼意志品质和展示才华的舞台。通过训练，鼓号队的队员展示出了他们朝气蓬勃、乐观、积极向上的精神风貌。

指尖上的模型　蓝天下的梦想

——魏善庄一小模型社团成果

课题负责人　于凯旋

为了深入学习习近平新时代中国特色社会主义思想，贯彻党的二十大报告提出的教育、科技、人才是全面建设社会主义现代化国家的基础性、战略性支撑的精神要义，落实《大兴区"十四五"时期教育改革和发展规划》任务，魏善庄一小在"每个生命都精彩，世界因我而不同"的生命教育办学理念引领下，全面落实"五育"并举，不断探索学校特色科技教育体系和创新人才培养体系。

一、组织管理保落实

（一）组织建设

学校为更好地开展科技教育，成立科技教育领导小组，指导和管理学校开展各项科技教育工作及活动。

（二）制度建设

学校每学年召开专题会议研究、讨论、制订切实可行的计划，找出存在的问题和差距，逐步完善计划。模型社团有专项工作制度及奖励制度。

（三）工作管理

经与老师座谈研讨，领导小组特制订《魏善庄一小科技教育"十四五"发展规划》，每学年初制订科技教育年度计划，每学年末完成科技教育工作总结。为了让社团老师明确工作任务，学校制订了《模型社团两年发展规划》，并要求社团老师制订社团计划，每学期末总结社团工作。

二、保障体系促发展

（一）经费保障

近两年我校科技教育的投入经费为 40.518 万元。学生科技经费专款专用，大力支持模型社团的发展。

（二）师资力量

第一个方面，我校整合多学科教师加入科技教育团队，形成我校独具特色的跨学科科技教育联盟教师团队。我校每学年定期召开科技教师研究会，总结上一阶段科技工作，研究下一阶段工作等。学校采取培训上岗机制，所有模型社团授课老师必须经过统一培训才能上岗授课。校内科技老师辅助教学，全程参与训练。

第二个方面，我们在教师专业提升及能力培养上，采取"走出去"和"请进来"相结合的形式。学校先后聘请区级专家和魏善庄中学的老师来我校指导。今年于凯旋老师加入远航计划的模型工作室，何国庆老师加入天文工作室，于洋洋、张辉老师加入金鹏工作室，赵建伟老师加入人工智能工作室。

第三个方面是物质条件，我校有两间 50 平方米的教室用于模型社团的活动。

第四个方面是校外资源，为了促进学校科技教育发展，我们邀请北京科学中心的专家走进我校开展科技实践课程，全方位提升了学校科技教育的品质。

三、实施渠道重细化

我校科技社团围绕"四自"方针进行管理，即"自我管理、自我建设、自我发展、自我成长"。

（一）社团课程

模型社团有规范的教学资源、完整的教案和活动记录。模型社团中的航模社团于每周二、周四下午 4：00~5：00 开展活动。木梁承重、花窗、投石车、水火箭社团于每周一、周三、周五中午 12：20~13：20 开展活动。

（二）社团建设

结合我校学生不同年龄阶段情况，学校组成两个梯度，让学生能够有深入的空间和阶梯进行成长。三、四年级为普及阶段，主要目的是"广泛接触，培养兴趣"，学生自愿参加。五、六年级为提高阶段，主要目的是"双向选择，发展兴趣"。通过三、四年级的兴趣培养后，在五、六年级提高技能和科学素养。

1. 学校配备专人管理模型社团，校内科技老师辅助管理以及参与训练。

2. 严格学生考勤制度。

3. 严格考核制度，通过考核的学生进入提高团。

4. 加强和重视梯队选拔和建设。

5. 通过学生自我评价、相互评价、教师评价、家庭评价等方式，发挥学生在社团中的作用和影响力。

（三）文化建设

学校投入 20.121 万元资金倾力打造了"校园气象观测站""风光互补发电站""再生能源利用站""生态水务循环站"和"校园生命博物站"五大生态站系统，拓展校园科技育人空间，让孩子们观测有设备、探究有场所，让校园成为科技育人的资源，成为孩子们成长的乐园。

四、创新工作显特色

（一）工作创新

充分利用社会组织为我校提供资源。学校开展校园科技节活动，设计曲率飞行器、航模体验、液压机械手、模拟挖掘机、4D 拼搭等课程，有效提升项目社团学习效果和活动的品质。

（二）特色培育

我校申报北京市规划办课题《基于生命教育理念的学校课程体系建设实践研究》并成功立项，已研究一年多。科技教育联盟教师团队将以《科技教育特色学校创建与发展研究》申报子课题。

五、科技成果创新高

（一）学校发展

近两年全校在科技项目普及上有了质的飞跃。每年组织学生参加天文、金鹏、创新、航模大赛等各级赛事，我校连续两年被评为大兴区中小学生科技先进校；在 2022 年首届"金鹰杯"大兴区中小学生未来工程师博览与竞赛中荣获优秀组织奖；在 2023 年"金鹰杯"大兴区中小学生未来工程师博览与竞赛中荣获团体三等奖。

（二）学生成长

在 2022 年首届"金鹰杯"大兴区中小学生未来工程师博览与竞赛千机变项目中，3 名学生荣获二等奖；在木梁承重项目中，2 名学生荣获三等奖；在花窗项目中，3 名学生荣获三等奖。在 2022 年大兴区"远航计划"首届中小学生个人科技"金鹰杯"艺术"金凤奖"评审活动中，贾明昊同学荣获科技项目小学组银鹰奖。在 2023 年"金鹰杯"大兴区中小学生未来工程师博览与竞赛投石车项目中荣获三等奖。在 2023 年第二届"金鹰杯"大兴区中小学生模型文化节活动 FB-X 组竞时项目（A 类）A3 弹射滑翔机竞赛中，潘志涵同学荣获一等奖；南云涵、许腾、左孟奇同学荣获 FB-X 组竞距项目（B 类）B6 手掷滑翔机三人接力竞赛三等奖；南云涵、潘志涵、左孟奇、许腾荣获 JZ-X 组素养测评现场答辩竞赛二等奖。学生通过积极参加社团活动，增强了自己的科学素养。

（三）教师发展

在 2022 年首届"金鹰杯"大兴区中小学生未来工程师博览与竞赛千机变项目中，樊思宇老师荣获指导二等奖；在木梁承重项目中，何国庆老师荣获指导三等奖；在花窗项目中，封晓晴老师荣获三等奖。在 2023 年"金鹰杯"大兴区中小学生未来工程师博览与竞赛投石车项目中，樊思宇老师荣获指导三等奖。在 2023 年第二届"金鹰杯"大兴区中小学生模型文化节活动 FB-X 组竞时项目（A 类）A3 弹射滑翔机竞赛中，于洋洋老师荣获辅导一等奖；何国庆老师荣获 FB-X 组竞距项目（B 类）B6 手掷滑翔机三人接力竞赛辅导三等奖；于凯旋老师荣获 JZ-X 组素养测评现场答辩竞赛辅导二等奖。

六、辐射作用促发展

（一）学校带动

中心校模型社团已经辐射到四校区，我校模型社团前往王各庄完小指导，帮助完小成立模型社团。在校庆时，开展校友会，邀请在模型方面有成就的学长入校给学生讲自己的成长故事，激励在校学生奋发学习，做新时代好少年。

（二）社会影响

当前我校的宣传辐射更多呈现在学校公众号上，针对学校的科技主题活动、特色课程进行宣传展示。

魏善庄一小将以"建成科技教育体系健全、文化氛围浓厚、师资力量雄厚、办学特色鲜明、育人实效显著、教育改革有力的特色科技教育品牌学校"为目标，推动学校科技特色发展，为国家科技创新发展、生态文明建设、培育科技创新栋梁人才而努力奋斗！

舞动童年　筑梦未来

——魏善庄一小舞蹈社团成果

课题负责人　高　歌　于洋洋　亢青青

为了贯彻落实中共中央办公厅、国务院办公厅印发的《关于全面加强和改进新时代学校美育工作的意见》，我校围绕"每个生命都精彩，世界因我而不同"的生命教育办学理念，全面落实"五育"并举，扎实推进美育教育工作。有效培养学生广泛的爱好与特长，激发学生多元潜能，不断提升学生的美育素养，从而促进学生的全面发展。

一、聚焦美育，明确方向理念新

学校把美育教育作为一项重要工作来抓，在全校形成了"以艺辅德，以艺促智，以艺健体"的美育教育协调发展的良好局面，使学生在良好的校园文化氛围中健康成长。现有的艺术社团有舞蹈、戏剧、古筝、啦啦操、创意美术、书法、朗诵等社团，各社团组织有序，活动竞相开展。

二、开展美育，多措并举强保障

学校为了更好地开展美育教育，成立了美育教育领导小组。在校长的领导下，在生命教育的办学理念下，我们的舞蹈社团为每一个孩子的健康成长和全面发展搭设平台。学校在资金、政策、制度上的大力支持，使社团能更好地发展，让学生学有所获。

三、做实美育，计划制度需落实

学校制订了三年规划、美育教育年度计划，制定了课后服务活动管理制度、精品社团活动制度等；要求音体美各科制订学科教学计划、活动计划；成立音美科研共同体，保证美育教育工作的有效实施。同时，学校每学年定期总结美育教育工作的相关情况，推动美育工作进一步开展。

四、强化美育，过程实施重细化

根据学生的年龄特点和我校实际情况，我们舞蹈社团的招生及训练分为两个梯队建设。一、二、三年级为小团，四、五、六年级为大团。

（一）成立时间

舞蹈社团于 2015 年 5 月成立，至今已 8 年，目前已成为中心校精品特色社团，多次获市区级比赛一、二等奖。

（二）社团编制

舞蹈社团成员现有一百二十余人。

（三）场地设施

学校有 70 平方米的舞蹈教室、专用音乐教室、形体教室、综合活动室、操场，这些场地都能满足大型舞蹈表演的排练需求，为开展舞蹈教学提供了完善的硬件设施。

我校在舞蹈社团经费上专款专用，去年学校投入资金约 6 万元，大力支持舞蹈社团的发展。

（四）训练安排

舞蹈社团每周训练两次，每次 1.5 小时。

（五）舞蹈社团管理

学校舞蹈社团围绕"自我管理、自我建设、自我发展、自我成长"的方针进行管理。

1. 学校配备专人管理舞蹈社团，校内健美操老师辅助管理以及参与训练。

2. 制定了舞蹈社团章程，严格学生考勤制度，设立了团长、副团长，通过学生自我管理的模式开展社团活动。

3. 严格考核制度，通过考核的同学进入舞蹈大团。

4. 重视和加强梯队选拔和建设。

5. 通过学生自我评价、相互评价、教师评价、家长评价等多种评价方式，不断调整和改进社团管理制度，使学生在社团中产生作用和影响力。

（六）教师团队

师资队伍方面，我校艺术类教师 16 人，其中研究生 7 人，本科生 9 人，区级骨干教师 4 人，市级骨干教师 1 人。所有校外舞蹈社团授课老师经过统一培训后上岗授课，校内音乐、体育老师辅助教学，全程参与训练。

（七）训练内容（课程设置）

大团

1. 课程目标：培养学生的艺术审美、逐步丰富学生的舞蹈体验，提升学生对于美的认知，最后达到发现美、体验美、展示美的目标。

2. 课程内容：分四个模块进行，每个模块需要 4~5 次课程完成。

第一模块：了解舞蹈文化。老师带领学生欣赏舞蹈经典作品，让孩子们理解各类舞蹈中不同的文化要素。

第二模块：舞蹈基本功训练。由老师带领学生进行身体柔软度的练习，打好基础。

第三模块：舞蹈作品训练。由老师带领学生进行舞蹈作品训练，提高学生的身体协调力，学会用肢体动作表达情感。舞蹈练习以市区级比赛要求为标准。

第四模块：舞蹈即兴训练。由老师带领学生根据不同音乐，练习自我身体的表达，创作出最适合自己的舞蹈动作，提高学生的舞蹈创作能力。

3. 评价方式或成果展示：结合学校"新新好少年"评价体系评选"雅趣好少年""舞蹈之星"。参加镇级、区级、市级、国家级比赛、演出，举办魏善庄一小艺术节展演。

小团（啦啦操）

1. 课程目标：培养学生的艺术表达能力，通过训练提升学生肢体的表现力和对于音乐的感知力。

2. 课程内容：分四个模块进行，每个模块需要 4~5 次课程完成。

第一模块：了解啦啦操文化。老师带领学生欣赏啦啦操规范动作等，让孩子们理解各类啦啦操中不同的文化要素。

第二模块：啦啦操基本功训练。由老师带领学生进行身体柔软度、力量、基本手位的练习，同时为舞蹈训练打下基础。

第三模块：啦啦操作品训练。由老师带领学生进行啦啦操、健美操的学习，提高学生的身体协调力，用肢体动作更好地表达情感。

第四模块：小组交流创编。由老师带领学生相互交流展示，提高学生的自信心、表现力和创造力。

3. 评价方式或成果展示：结合学校"新新好少年"评价体系评选"雅趣好少

年""舞蹈之星"。参加镇级、区级、市级、国家级啦啦操比赛、演出；举办魏善庄一小艺术节展演。

五、稳固美育，测评方式多元化

对学生进行基本功考核，借助校级舞蹈节，开展教师、学生、家长的测评，借助赛事进行测评，评选出"美育之星""雅趣好少年"。

学校定期检查教师备课情况、教学总结、教研论文等。做好舞蹈辅导教师的活动情况记录、学生获奖情况记录，并将其纳入教师量化考核。

六、展示美育，实践交流促成长

我校每年都会举办魏善庄一小学生艺术节和魏善庄一小舞蹈节，邀请家长共同参与，给孩子提供展示的平台。

在校庆时，开展校友会，邀请在舞蹈方面有成就的学长学姐给学生讲自己的成长故事，激励在校学生奋发学习，做新时代好少年。

在学校公众号发布舞蹈社团学生表演、赛事、获奖等相关信息，让家长和孩子共同领略舞蹈社团学生的新技能与新风采。

另外，舞蹈社团每年都受邀参加大兴区的各项展演活动。如代表学校参加大兴区庆祝"六一"活动；建队日参加大兴区表彰活动；参加北京大兴半程马拉松赛的助演等。

中心校舞蹈社团已经辐射到四校区，中心校健美操教师前往西芦垡完小指导，帮助完小成立西芦垡完小啦啦操社团。四校区参与区级舞蹈节人次达到40，其中个人项目获奖10余人。

七、增温美育，骄人成绩显特色

（一）团队水平

在科研方面，我校多名教师成功申请市区级课题，正在有条不紊地进行科研工作，通过理论与实践研究，更好地提升自身科研水平。在奖项方面，我校多次获得市、区级舞蹈比赛、啦啦操比赛、健美操比赛、儿童舞蹈歌舞剧比赛、戏剧节戏曲韵律操比赛、北京市少先队集体舞展示一、二等奖，获2023年大兴区少先队集体舞展示特等奖。以下是我校自2021年以来的获奖情况。

表2-8 北京市大兴区魏善庄镇第一中心小学舞蹈社团获奖记录

序号	获奖全称	颁奖或组织单位	颁奖时间
1	大兴区第九届中小学生舞蹈节（小学组）一等奖	大兴区校外教育办公室	2021.5
2	2021 年大兴区中小学生健美操、啦啦操比赛 2016 版校园啦啦操示范套路 花球舞蹈（小学乙组）三等奖	北京市大兴区教育委员会	2021.6
3	2021 年大兴区中小学生健美操、啦啦操比赛 2020 版校园啦啦操示范套路 花球舞蹈（小学甲组）三等奖	北京市大兴区教育委员会	2021.6
4	2021 年大兴区中小学生健美操、啦啦操比赛舞蹈啦啦操自选动作（小学甲组）三等奖	北京市大兴区教育委员会	2021.6
5	2021 年大兴区第九届中小学生戏剧节儿童歌舞剧（小学组）二等奖	大兴区校外教育办公室	2021.12
6	2022 年首届"金凤杯"大兴区中小学生戏剧节活动歌舞剧项目（小学组）二等奖	大兴区青少年活动管理中心	2022.1
7	2023 年大兴区少先队集体舞展示特等奖	中国少年先锋队北京市大兴区工作委员会	2022.1
8	2023 年第二届"金凤杯"大兴区中小学生舞蹈节二等奖	大兴区青少年活动管理中心	2023.4
9	2023 年第二届大兴区"兴戏杯"中小学生戏曲节戏曲广播操比赛二等奖	大兴区青少年活动管理中心	2023.5

（二）学生成长

1. 发展个人特长。

同学们通过积极参与社团活动，发展了自己的才艺和特长。通过学习舞蹈，学生对音乐有了更多的了解，这也使舞蹈社团建设得到更深层次的发展。

2. 增进友情和凝聚力。

舞蹈社团开展的一系列活动，在丰富课余生活的同时，也使同学们结识了很多新朋友。朋友间的友情使社团的凝聚力得到加强，提高了舞蹈社团组织活动的协调力。

3. 锻炼综合能力。

舞蹈社团的社员们通过这一个学期开展的活动，锻炼了自己的组织、交流和实干能力，综合能力得到了提高。社团活动积累了同学们的团队工作经验，也对以后开展其他活动拥有了更多的信心。

八、展望美育，总结经验再续航

我校的舞蹈社团虽已取得了一些成绩，但是还存在一些问题：

（一）家长对美育教育认识不够，对社团建设了解不足。

（二）校内教师在专业能力上有待提升。

今后，在家校社协同育人工作中，魏善庄一小"五个1+N家校社协同育人机制"发挥家长作用、用好家长团队。在教师科研上，加强共同体建设，让美育教育与课程、传统文化、社团建设、双减双新政策、评价相融合，使学生在训练时可以全身心投入舞蹈中，整个身心受到熏陶，感受到舞蹈是一种难得的美感享受，也是一种凝聚力的完美体现。

在今后的美育教育工作中，我校将继续秉承生命教育办学理念，一如既往地积极开展美育教育，扎扎实实推进美育教育。以美育人，以美化人，以美培元，通过美育融合，全面落实"五育并举"，用心助力，让每名学生在魏善庄一小绽放更加绚丽的生命光彩。

134

扎根时代舞台　演绎生命精彩

——魏善庄一小话剧社团成果

课题负责人　刘　茜　李　丽

为全面落实立德树人根本任务，魏善庄一小以戏剧教育为抓手，深入巩固"大兴区中小学艺术教育特色校"成果，全面稳固以艺辅德、以艺促智、以艺健体的魏善庄一小美育教育协调发展的良好局面，逐步使学生成为全面发展的新时代好少年。

一、顶层设计　课程引领落"五育"

为了深入贯彻落实《关于全面加强和改进新时代学校美育工作的意见》，全面践行我校"每个生命都精彩，世界因我而不同"的办学理念，引领学生树立正确的审美观念、陶冶高尚的道德情操、培育深厚的民族情感、激发想象力和创新意识、拥有开阔的眼光和宽广的胸怀，学校将戏剧教育与课程建设整体梳理设计，构建了"新生命课程"，包括基础课程、拓展课程、发展课程三类课程。其中基础课程位于底层；拓展课程置于中层；发展课程居于顶层。话剧社团属于发展课程，旨在展现生命的多种样态。

学校在课程视域下开展戏剧教育，使其贯穿在学校教育的各方面以及全过程，渗透在各个学科之中。学校加强戏剧教育与德育、智育、体育的融合，挖掘不同学科所蕴含的丰富美育资源，充分发挥语文、音乐等人文学科的美育功能，挖掘数学等自然学科中的美育价值，用话剧表演进行展示与表达，使学生体悟艺术、学会表达、悦纳自我，深入落实"五育并举"工作要求，全面提升学生的综合素养。

二、建章立制　多措并举强保障

（一）明确工作方向，制订系列规划

学校领导小组制订了《魏善庄一小 2021—2024 美育工作三年规划》《魏善庄一小美育教育年度计划》《魏善庄一小话剧社团年度计划》，每学年定期总结戏剧

教育工作的相关情况，根据"遵循规划、执行计划、注重效果"的工作思路，扎实推进戏剧教育有效实施。

（二）强化管理体系，建立一套制度

学校建立层级式管理体系，由校级领导马莉担任团长，负责戏剧教育的整体规划与统筹，由艺术负责人高歌老师负责艺术团的统筹管理工作，由李丽老师负责话剧社团的日常管理。通过垂直层级管理，确保社团的有序运行。学校还建立了《魏善庄一小社团活动过程监管制度》《魏善庄一小社团考勤制度》《魏善庄一小艺术财务管理制度》《魏善庄一小课后服务考核评价细则》《魏善庄一小话剧社团管理制度》等一套制度，确保戏剧教育工作有章可循，依规管理。

（三）加强队伍建设，团结一个团队

为了使戏剧教育成为学校广泛普及的艺术特色，形成"班班展，处处演"的校园氛围，学校组建了以音乐、语文学科教师为主，其他学科教师广泛参与的戏剧教育教师共同体，通过"搭平台、供沃土、重专业、获殊荣、促发展"等举措，打造师德高尚、理念先进、专业性强的教师队伍，推动学校戏剧教育的可持续发展。

三、自主管理　梯队建设稳发展

为了充分发挥学生的主体作用，学校秉承"自我管理、自我建设、自我发展、自我成长"的社团管理理念，由学生自主推选团长及副团长，全体社团成员参与制定社团管理制度，以此实现学生的自我管理。为了使戏剧教育有效普及，学校建立班级话剧小社团及校级精品话剧社团。班级话剧小社团由学生通过自主选择组建，主要通过日常排练课本剧等自主开展社团活动；校级精品话剧社团为双向选择组建，通过固定时间、系统授课开展社团活动。为了加强社团的梯队建设，学校每年会在二年级招募精品社团新成员，同时会吸纳班级话剧小社团的优秀学生，使社团稳固发展。

四、多元评价　赋能成长增素养

学校采取过程性评价与终结性评价相结合的方式对学生进行评价。通过自评、他评、师评的方式，对学生日常参与社团活动的表现从非常好、好、一般三个维度进行评价，以此强化对学生的日常管理。学校通过学生参演次数、取得奖项、个人素养测评等方面每学期对学生进行终结性评价，并评选出"戏剧之星"。学生

取得不同项目的三颗星，即可参与评选校级"雅趣好少年"。

五、精彩演绎　骄人成绩树品牌

每学期学生通过班级联演、校级展示、区域交流、市区赛事进行成果汇报，在满足学生个性化需求的同时，为学生搭建不同展示平台，促进学生将兴趣变专长，让学生发现自我和发展自我，呈现多彩生命的样态。

2021 年 11 月，社团话剧《报童》获北京市第二十四届艺术节的比赛银奖，并参加大兴区课后服务展示。2022 年话剧《一袋干粮》荣获首届大兴区"金凤杯"中小学生戏剧节话剧小学组三等奖；在 2022 年大兴区课后服务工作评选中话剧社团荣获"优秀学生社团"称号。李丽老师撰写的《以戏剧教育提高学生音乐能力的实践研究》获北京市教育学会论文评比三等奖。我校学生凡荣、齐皓轩、郝一雨、盛紫嫣、秦旭垚、蒋菲诺、苗艺轩多次参加市区级戏剧节，并取得可喜成绩。

六、未来展望　行而不辍更可期

在今后家校社协同育人工作中，魏善庄一小将通过"五个 1+N 家校社协同育人机制"，进一步发挥家长团队作用，发掘社会资源。

学校将进一步加强戏剧教育与学科教育的深度融合，充分给予学生展示及表达的机会，大胆放手让学生参与剧本的创作、改编，全面提升学生的综合素养。

一路努力，一路成长。学校致力于让每一个地方都成为学生的一个小舞台，让每一个孩子都成为自己心目中的小演员。通过戏剧教育，让孩子们感受到美的力量，感受到成长的力量，自信坚定地走好人生每一步，以更好的状态应对人生的每一个挑战，在生命的舞台上演绎精彩！

小学英语教育戏剧社团评价方法的研究

课题负责人　吕　岩

在"双减"大背景下，教育部门要求减轻学生的学习负担，在课后开展多样的兴趣和实践课，还特别鼓励学校开展课外课程，以满足学生多样化的需求。因此，本校大力鼓励学校老师开发特色的兴趣拓展课程，每天下午的3点至5点为学生的兴趣社团时间。作为一名小学英语老师，我和英语组的同事们共同设计，开设了英语教育戏剧社团，招募本校4~6年级的学生。学生在每周二和周四的下午参加一个小时的教育戏剧课程。英语戏剧表演以其趣味性和互动性，对学生具有较强的吸引力。教师在教学中以英语语言为载体，结合教育戏剧形式、民族故事和校园生活等设计教育戏剧活动，提升学生的英语语言技能和英文表达能力。在小学英语教育戏剧活动的学习评价中，教师要注意尊重学生主体地位，通过积极的过程性评价，帮助学生在戏剧教学中学习和使用英语，在创作和小组合作中锻炼英语语言技能，提升英语学习的自信心。为了更好地评价和激励学生们的英语学习，提高学生的英语学习能力和表达能力，我针对本校英语教育戏剧课程设计了详细的评价量规和评价标准。

评估的对象为本校参与英语教育戏剧社团的学生。为了保证学生在戏剧活动中用英语进行学习和表达，本社团招募本校4~6年级有英语基础的学生。学生们在一到三年级的英语学习中掌握了简单的日常对话，能够与老师和同学进行简单的沟通。

此评价量规的设计目的，一是激发学生在英语戏剧社团活动的小组活动中的学习动力；二是在学习和展示评价的过程中，通过同伴评价激发学生在社团活动中的参与热情；三是能够让老师更好地掌握学生在英语社团活动中的综合表现，改进教学内容和教学方法，指导学生的后续学习。不同的学生有不同的兴趣和特长，有些学生喜欢唱歌，有些喜欢画画，还有一些喜欢表演，教师应该设计中设计多元化的评价方式，有助于发现学生的兴趣，激发学生的学习积极性，吸引他们学习英语。此评价为过程性评价，可以帮助学生发挥主动性、积极性，在课堂中形成评价活动和反馈，有助于学生在英语语言学习中加深理解。

在社团活动过程中，我根据学生的学习能力和特长对学生进行分组，并结合学生的意愿进行微调。设计多个戏剧故事，与学生一起学习。在每周的学习之后，学生都有机会进行阶段性的展示以及对其他小组进行评价。此评价量规涉及学生在学习过程中多方面的表现。为了树立学生在英语学习过程中的自信心，提高其英文准确性和流利度，增强其舞台表现力和小组合作的意识，我设计的评价量规内容包括四个不同维度，分别是 loud and clear voice，accuracy and fluency expression，eye contact and body language， group collaboration。学生在每次活动展示后可以进行小组评价，几个辅导教师也会给出相应的评价结果。

一、评价原则

（一）可靠性

本社团使用形成性评价对学生的学习进行评估，并长期持续使用此评价量规。评价量规的循环使用旨在保证学生小组评价结果的可靠性。本校戏剧社团成立三年，通过我们的改进，此评价量规可以真实地反映学生的学习情况，符合小学生学习英文戏剧的特点，帮助老师更好地了解学生，帮助学生在英语戏剧中的学习。

学生的学习是多方面共同发展的，教师需要针对各个方面进行评价，如认知、情感、能力等，只评估预定的目标是没有用的，评价更强调学习的过程，而不是学习的结果。有效的评价是学习过程的一部分，评价和学习是齐头并进的。在教育戏剧故事学习的过程中，学生们以小组为单位进行共同学习和练习，在戏剧展示环节全部用英文进行展示和表演，表演后，学生之间的评价成绩和教师评价的成绩总分会被记录和展示在戏剧教室的过程性评价墙上，期末进行统计和总结。对比学生三年来的成绩，可以发现学生的学习能力、学习积极性以及表达能力都得到了显著的提高，证明此评估方式在英语戏剧教育中的可靠性。

（二）有效性

当教育者设计评价量规时，有效性是应首要考虑的方面。如果它测量的是它想要测量的东西，那么这个评价就可以成为有效的评价。此评价量规从多个角度评价了学生在英语表达、肢体语言、集体意识等方面的表现，通过三个不同的等级评价了在英语戏剧活动的过程中学生的表现和使用英语表达的效果，有效地保证了学生在戏剧活动中的收获和小组活动中的学习效果。学生的学习能力有差别，所以需要不同的学习方式吸收知识。教师不应该使用一样的评估方法对所有的学生进行评价。只有将差异化的教学和评估相结合，才能尽可能地满足课堂中每个学生的学习需求。学生的学习能力和特长不同，因此在分组过程中，我综合了学生的意愿、年级和语言能力进行分组，让有不同特长的学生能够在自己的小组中发挥优势和长处，引导学生在小组学习的过程中互相帮助，更好地进行学习和互动。在小组评价时，引导学生根据表格进行评价。在差异化课堂中，教师应该关注学生之间的差异，为学生创设适合的学习环境和学习方式。通过不同的教学方式吸引学生的学习兴趣，引导学生之间互助合作，让学生参与到学习中来。为了保证评价的有效性，除了学生之间的评价，老师也参与到评价中，对每个小组进行客观评价。

　　为了保证评价量规在评价英语学习和表达中的有效性，在设计过程中，我重点注意语言流畅性和准确性这两个因素。流畅性是指发言者快速自信地使用该语言的程度。英语教学过程中，流畅性和准确性常在不同情境中相互抵触，需要长期练习，因此，戏剧的作用就突显出来。第一，学生需要充分熟悉剧本的语境和内容，对台词的理解、掌握和运用都需要经过反复演练，合作型的学习过程也锻炼了学生调用语言和肢体动作的能力。对于较为缺乏自信的学生来说，戏剧的虚拟性为其创造了一个相对安全、稳定的场景，通过在互动中扮演角色，还能提升包容程度，有益身心的综合发展。当学生的参与和表达受到积极评价和鼓励的时候，其表达的欲望和自信会慢慢得到提高。

　　语言是我们在交际实践中使用的众多符号资源之一。在知识的协同构建中，手势、姿势、面部表情等对语言学习有积极的促进作用。教师在语言教学中应重视与学生进行面对面的课堂互动，引导学生通过身体姿势、眼神或面部表情等其他模式或模式的组合来进行多模态活动的语言表达。在戏剧教学和练习英语表达时，除了关注语言的发音和流畅度，我还特别关注学生肢体语言的表达和眼神的交流。因此在评价中，我设计了详细的准则对学生进行评价，鼓励学生在戏剧活动中使用夸张、生动的动作表演，大声地进行表达，引导学生克服在语言表达方面的胆怯和害羞。同时激发学生学习的自主性，让学生充分运用课后的时间进行练习。

　　教育戏剧评价采用多样化的评价方式，包括自我评价、同伴评价和教师评价。不仅关注学生身体、认知层面的成长，还运用情感评价监测学生的学习状态；注重增值性评价，多角度激励每个学生的成长。评价过程中师生合作，共同参与课堂评价过程。重视评价的多元化、体验性和过程性并为学生提供有效的反馈信息，让学生对自己的学习过程及结果做出客观评价，引导学生将持续性的评价作为完成任务的一个自然的、有意义的过程来看待；明晰自己的弱点和长处，利用所学的知识不断改善、进步，有利于学生对学习负起更多的责任。

（三）公平性

教育评价在教学过程中的广泛应用，使评价在教育中起到非常重要的激励学习的作用。为了保证评价过程的公平性，多方位地当好引导者、协助者和反思者，我尽量创设融洽的创作和表演氛围，公平地对学生进行分组，保证每组学生的能力相差不大。随时根据学生的学习情况进行调整，保证学生在小组活动中能够得到提高，共同进步。在戏剧活动小组之间的评价过程中，引导学生互评是基于学生的表演和能力进行的，在一个学期的过程性评价中，既有小组评价又有个人评价，个人评价和小组评价共同进行。在角色分配过程中，学生可通过讨论自主决定，我有意识地关注需要更多激励的学生，引导他们参与集体活动，融入合作学习。在小组之间的评价中引导学生关注表演者的面部表情、动作、音量、语音语调等多方面内容，充分评价学生的表演以及小组的合作效果。我还注意利用表演的结果和反馈，和学生一起进行戏剧评价和反思，看其是否在戏剧教学中，逐步掌握了必要的戏剧创作和表演涉及的语言、逻辑、情感、运动、交际等各种技巧。通过笔记记录、口头评价等方式，确认学生从戏剧教学中已得到提高，以及可以从同伴的戏剧创作和表演中学习的部分，进行针对性的进一步练习。在最后的期末评价中，结合形成性评价的结果，并根据学生的投票意见选出本学期的优秀英语教育社团成员，提高所有社团成员参与的积极性。

二、总结

此教育戏剧社团的评价量规符合本校小学生的英语学习基础和能力，能够激励学生在小组戏剧活动中积极参与。在每次的评价完成后，英语戏剧社团的老师会总结每次评估的结果，统计好评估结果对学生进行评价。在整个英语戏剧社团的学习过程中，老师会以学期为单位对学生每次表演进行形成性的评价，学生每次表演分别可以获得一颗星星、两颗星星和三颗星星。在本学期的社团活动结束后，每个学生都可以得到不同数量的星星，最后的学期总结活动中，本学期的优秀社员会作为主角带领本社团的学生一起设计并参演学校的期末社团展示活动。学校也会在社团活动总结中对优秀社员进行鼓励和嘉奖，颁发证书和奖品。

当然，评价量规的结果对老师们设计教学内容也有很大的参考意义。通过学生的形成性评价的结果，我们会一起设计和改进教学的内容和环节。如学生在社团中学习英文绘本《吹笛人》之后，在学生第一场表演的过程中，花费了很多时间练习生词和长句子，导致舞台效果不够流畅生动，影响了学生的舞台表现和练习的积极性。为此，老师在后续的学习和练习中，结合四至六年级小学课本的学习内容，改进戏剧的教学内容，更好地把课本知识与戏剧社团进行结合，让英语社团活动更好地辅助学生的英语学习，不断激发学生英语学习的积极性。

References

Dorans N. J., Cook L. L. *Fairness in Educational Assessment and Measurement.* Taylor & Francis Group,

Ernawati E., Tsurayya H. & Ghani A. R. A. *Multiple Intelligence Assessment in Teaching English for Young Learners. REID (Research and Evaluation in Education),* 2019,5(1), 21—29.

H PADMANABHA C. *Assessment for Learning, Assessment of Learning, Assessment as Learning: A Conceptual Framework.* I-Manager's Journal on Educational Psychology, 2021，14(4), pp. 14–21.

Marzano R. J. *Making Classroom Assessments Reliable and Valid: How to Assess Student Learning.* Solution Tree, 2017.

Nitko A. J., Brookhart S. M. *Educational Assessment of Students (6th ed.).* Pearson Education, 2011.

Noman M., Kaur A. *Differentiated Assessment: A New Paradigm in Assessment Practices for Diverse Learners.* International journal of education and applied sciences, 2014, 1(4), 167– 174.

Taylor R. *Meaning Between, in and Around Words, gestures and Postures-multimodal Meaning-making in Children's Classroom Discourse.* Language and Education, 2014, 28(5), 401—420.

Tomlinson C. A. *The Differentiated Classroom: Responding to the Needs of all Learners (Second edition).* ASCD, 2014.

Xiao Y., Yang M. *Formative Assessment and Self-regulated Learning: How Formative Assessment Supports Students' Self-regulation in English language learning. System, 2019, 81,* 39–49.

浅谈 "5 分钟小课程" 的实施策略

课题负责人　毕木蕊

课前 5 分钟，很多老师都喜欢拿来做些特殊的活动，数学老师偏爱计时口算，英语老师会与学生进行一下日常的口语对话，语文老师常会听写字词、让学生背背古诗，抑或查查预习情况。而我则利用这 5 分钟开设了一个小课程，在小课程中循序渐进地拓展延伸教材中的一些内容，逐步完成教学任务。

一、小课程的理念

教学中，我和学生总有这样的体会，很多内容迫于课时的限度，无法让更多的人得到尝试与展示的机会，经常意犹未尽。所以我就想到了每天拿出一点点时间让每个人都有尝试与展示的机会。新课标在课程实施建议中也要求"综合考虑教材内容和学生情况，设计不同类型的学习任务，依托学习任务整合学习情境、学习内容、学习方法和学习资源，安排连贯的语文实践活动"。于是，我才有这样的想法，把一两节课无法达成的学习目标，分散在每天，给每个孩子真真实实去做语文实践的时间与展示自己的机会。

二、小课程的内容

每个学期初，我都会先看一下教材，分析哪些内容可以纳入小课程，然后再制订详细的计划，随着教学内容的推进，在学生自主选择的基础上，每天安排一个小课程的内容。

例如四年级下册，依据"口语交际——说新闻""快乐读书吧——神话故事类整本书阅读""诗歌单元综合性学习——轻叩诗歌的大门""名家笔下的动物单元"这些内容，我和学生一起设计了"5 分钟小课程"的计划，提出了在小课程中进行分享的要求及指导意见，由学生在一个时段内自主选择要分享展示的内容（如表 2–9）。

表2-9　5分钟小课程计划表

内容　时间　小组（姓名）	说新闻	诗歌朗诵	神话故事阅读分享	名家赏析
	长期	3月	4—6月	5月

表2-10　第三组5分钟小课程计划表

内容　时间　小组（姓名）	说新闻	诗歌朗诵	神话故事阅读分享	名家赏析
	长期	3月	4—6月	5月
潘**	3、7	24	6月13—17日四人合作	17日四人合作
陈**	3、8	二人合作		
孙**	3、9	18		
张**	3、11	25		

这些内容有的是长期开展的，如"说新闻"；有的是以专题的形式开展的，有的是阶段性的，如"综合性学习"内容"轻叩诗歌的大门"，每个学生都展示了一轮后，就告一段落了。

三、小课程的主体

5分钟的小课程是以学生展示为主的，主讲人都是学生，他们是课程的主体。他们讲说自己看到的新闻，针对新闻内容及讲述情况展开口语交际；他们朗诵摘抄或自己创作诗歌；他们以"小小讲解员"的身份引你参观；他们组织"猜谜会""歇后语对对碰"让你领略汉字的丰富有趣；他们分享整本书阅读的感受……5分钟的课程上什么，怎么上，都是学生说了算，老师则在一旁协助、拍照、参与点评。

四、小课程的形式

我们的小课程是采取"分享+点评"的形式开展的。分享可以是个人的，也可以是二人、小组、自由组合等多种合作的形式。可以根据自己要分享的内容使用音乐、图片、视频、PPT、表演的方式来完成，还可以邀请老师、家长等做助演。点评采用直接对话的形式，包含提问、质疑、指出亮点、提出建议，补充观点等。

五、小课程的思考

（一）小课程立足核心素养的培养

《义务教育语文课程标准（2022 年版）》中指出，语文课程培养的核心素养，是学生在积极的语文实践活动中积累、建构并在真实的语言运用情境中表现出来的。小课程的实施，正是以此为目标。

说新闻的同学，肯定要特别留意近期的国家大事，再以自己的理解用自己的话加上自己对这条新闻的评论讲给同学听，之后还有同学间的点评。整个过程中，学生不但了解了国家大事或当前热点，开阔了视野，还会潜移默化地被新闻的正能量影响。

诗歌朗诵、名著阅读分享、当"小小讲解员"介绍我们的世界历史文化遗产、遨游汉字王国体会千年文字背后的无穷趣味……这些优秀的文化从不同的角度增强了孩子们的文化自信，丰富了孩子们的语言运用，锻炼了孩子们的思维和表达等能力。

小课程虽小，却着眼于以文化育人的导向，始终引导着学生在语言文字运用、课内外阅读、表达与交流等方面不断去提升核心素养。

（二）小课程凸显了语文学习的实践性

新课标中建议"增强在各种场合学语文、用语文的意识，建设开放的语文学习空间……"小课程是学生展现自我的一方小天地，这短短的 5 分钟，可能是他课下很多天的实践体验。一条新闻，他可能浏览好几个新闻网站，要听完整的新闻联播或好几天的新闻联播；一段名著阅读分享，他要读完整本或好几个章节才能总结出点儿什么；当一次"小小讲解员"，学生更是要搜集大量的资料，筛选、分类、制作 PPT，练习讲解……这个过程中的语文实践，真可谓"台上一分钟，台下十年功"！可见，有了这个小舞台，学生语文实践的动力增加了，思路打开了。最重要的是，每个人都要参与其中，每个人都有锻炼的机会，这种实践是仅凭一个单元、一两节课的学习远远达不到的。

（三）小课程体现了过程性评价

新的课程标准尤其强调过程性评价，提出可通过课堂观察、对话交流、小组分享、学习反思等方式，收集和整理学生语文学习的过程性表现。5 分钟小课程的开设，正是对这种评价的很好利用。

比如学生在进行"小小讲解员"的分享之后，有的听众提出问题："你讲的这段水长城是哪个朝代建造的？"有的则进行点评："我觉得你们四人配合得很好，每人讲解一个方面，分工明确。"也有的毫不留情地指出："你们有点儿过于依赖资料了，眼睛都不离开 PPT，真正的讲解员是应该把内容烂熟于心的，再用生动的语言介绍给观众。"进行讲解的学员也会有风度地回答："好的，我们会听取大家的意见，继续改进。"

像这样的交流，在小课程环节是经常发生的，学生在相互的肯定、批评中得到了历练、提高。老师则更会在此处点睛评价几句，着重评价他们在过程中的努力以及背后不为人知的付出，对学习态度给予充分的肯定。

总之，5 分钟小课程的开设，把课本中一两课时的内容拓展开来，让学生到广阔的语文天地中去摸索、捕捉、实践。虽然只有 5 分钟，但大家获得的却是丰富的体验。在这个过程中，学生有探究、有合作、有创造，这也是对语文教与学方式的一种大胆探索。

5 分钟虽短，坚持则长；小课程虽小，学生每天在练，就会意义重大。今后，我将继续"从学生语文生活实际出发，创设丰富多彩的学习情境，设计富有挑战性的学习任务"，让他们在 5 分钟的小课程中不断拓展语文学习空间，提高语文学习能力。

艺术课程中核心素养培养策略

课题负责人 熊 晓

目前，"双减""双增"政策正在如火如荼地进行着，国家对于学生的全面发展和美育教育越来越重视。音乐教育是学生全面发展和美育教育的重要组成部分之一，在艺术课程中培养学生核心素养，提高学生的审美、艺术素养和创造能力是现在音乐课堂的重要任务。笔者将结合自身的教育经验，从培养学生核心素养的重要性、激发学生学习兴趣、音乐课堂中的审美教育、通过乐器教育深化学生的审美体验等方面出发，来阐述研究学生音乐核心素养的培养策略。

一、培养学生核心素养的重要性

首先，需要明确培养学生核心素养的重要性。随着对学生全面发展要求的提高，小学教师不仅要向学生传授音乐知识，更要重视学生艺术素养的提高和发展，努力避免学生在学习过程中技能和知识分离。激发学生的学习热情，提高他们的歌唱技巧，避免枯燥的理论知识的讲解，这将有助于学生改善学习状态，更加喜爱音乐，从而真正地提高孩子们的音乐能力。《义务教育艺术课程标准（2022 年版）》明确指出，艺术课程要培养的核心素养主要包括审美感知、艺术表现、创意实践、文化理解等。

其次，2021 年随着国家"双减"政策的落地，为了儿童和青少年的健康成长，在"双减"落实的同时也在推动"双增"。"双增"就是在减轻校内课业负担的同时，给学生腾出更多参加艺术活动、户外活动、体育锻炼、劳动活动的机会和时间。这两个政策的落实和实施表明，现在国家越来越重视美育和体育的价值，希望通过对美育教育的重视，我们的孩子能够拥有一双能够发现美的眼睛，能够聆听世间美好的耳朵，一个丰富多彩的内心世界，这些审美教育，是美育教育中的重要部分。而我们音乐课堂教育的核心是核心素养，提高学生的审美情趣和艺术素养是音乐教育的重要目标。

二、学生核心素养培养的策略分析

（一）激发学生学习兴趣

兴趣是最好的老师，也是学生"想学"的动力源泉。音乐教育家卡巴列夫斯基曾说过，"激发孩子们对音乐的兴趣，这是将音乐之美传递给孩子们的前提条件"。事实上，教师着重激发学生对音乐的兴趣，引导学生自主探究音乐的乐趣，带领学生进入艺术的境界，鼓励他们从不同的角度看待和欣赏音乐等都具有积极的作用。教师在音乐课堂中使气氛活跃起来，能让学生更容易感受到音乐的乐趣。通过音乐课，培养和发展学生注意力和记忆力、想象能力、形象思维能力和创造性思维能力，发展音乐感知能力，提高学生的基本音乐能力，有利于他们德、智、体、美的全面发展。在学唱一首歌曲或者聆听一首乐曲时，学生会在脑海中创造性地再现自然和现实生活的场景。因此，在教学中要注意鼓励学生积极参与，根据自己的观点进行分析，阐释歌曲和音乐中表达的情感，关联艺术观念，增强想象力。音乐教学可以让学生从不同的角度去欣赏和感受音乐的内在美，真正带领学生进入艺术的世界，让他们感受音乐的美好，提高学生的审美和人文素养。

（二）提高学生的审美感知能力

仔细研究新音乐课程标准，不难发现课标对于"审美"的反复强调："坚持以美育人""充分发挥艺术课程在培育学生审美和人文素养中的重要作用""感知、发现、体验和欣赏艺术美、自然美、生活美、社会美，提升审美感知能力"等等，所以在小学音乐课堂教育中，对于学生的审美培养是小学音乐教育的重要目的。小学音乐课堂审美教育的目标，不仅仅是让学生学会唱多少首歌，聆听欣赏多少首音乐作品，掌握多少乐理知识，更重要的是激发学生对音乐的兴趣，引导学生用心感受音乐的美好，提高学生的审美和人文素养。

五线谱的识读也需要以审美为核心。我认为以下几点需要注意：首先在课堂教学的内容和时间上教师要有合理的安排，特别是对于低学段的同学。这个学段的学生特点是好动、好模仿、易兴奋、不够稳定，教师要根据他们的特点来设计课堂教学。前期，每堂课学习五线谱的时长不宜过长，长时间"枯燥"内容的灌输，低学段学生不仅记不住，还可能出现厌学心理。四十分钟的课堂，五线谱的学习最好控制在 5~10 分钟，超过 10 分钟，同学们的精力就开始不集中了，特别是连续地学习五线谱、学唱音符，效果更不好，可以把这 5~10 分钟分散安排到一节课中。有的歌曲乐谱比较复杂，教师可以安排学生学唱歌曲中的一两句，这样可以增强学生的自信心，让同学们觉得五线谱并不难，从而爱唱谱、会唱谱，唱得好、唱得对。随着同学们年龄的增加，难度慢慢加大，到高学段再演唱整首乐谱。另外学习新歌时，先学会歌曲，把音准掌握好，音色控制好了，再要求同学们学唱乐谱，这样音符也认识了，音准也能保证，这也是降低难度的方法。这种方法能够让学生在优美的音乐当中自然而然地学会五线谱的识读，提高审美能力。

（三）利用乐器教学提升艺术表演素养

音乐作品在表演中得到表现和演示，乐器是音乐表演的主要方式之一。在小学音乐教育中，学生需要学习认识一些常见的或最基本的乐器，需要了解这些乐器的演奏方式和各自独特的音色，并且能够通过聆听音乐片段，辨出各种乐器的声音。除此之外，还需要学习如何演奏一些简单的打击乐器，比如串铃、木鱼、双响筒、响板、三角铁、碰钟、锣鼓镲等，并用这些乐器为歌曲伴奏。以上这些打击乐器是音乐课本上需要掌握的内容，另外有的学校还开设口风琴或者葫芦丝的学习课程。把这些乐器教学加入音乐课堂中来是非常有益的，学习这些乐器的演奏，能够激发学生对音乐本身的兴趣，培养学生的音乐审美能力，深化学生的音乐审美体验。同时也可以帮助学生对乐理知识的学习和理解，包括对于乐谱的识读，也有很大的帮助，这属于乐器与音乐乐理知识教育的融合。我们的课堂可以把乐器的教学和音乐知识的教学结合起来，在实际教学中，笔者发现学生对于乐器的学习是非常感兴趣和积极的。用乐器练习音乐曲目的节奏和旋律，让学生直接感受音乐，激发学生学习音乐知识的兴趣，提高审美，促进学生对乐谱的识读。还可以将乐器融入歌唱教学中，例如在歌曲的二声部演唱学习中，全班同学可以分成两个声部，一部分的学生可以演唱歌曲的高声部，另一部分学生可以同时演奏乐曲的低声部。将器乐演奏与歌唱相结合，不仅可以帮助同学们锻炼音高的准确度，还可以引导学生体验音乐之美，熟练掌握五线谱的识读和练习准确的节奏节拍，在表演和歌曲中感受音乐的情感，深化审美体验，提升艺术表演素养。

总之，在教学的时候，不需要教学生很深的乐理知识，教学方法和如何提高学生音乐能力是很重要的。鼓励学生应用他们日常学到的方法和技巧来提高他们的音乐感知和实际应用能力。培养学生的核心素养，提升学生的审美感知能力，启迪美，欣赏美，懂得美，用音乐之美唤醒学生的求知欲。一个人的审美和人文素养对他的个人修养、文艺创造力、思维能力等方面都有重要的影响。艺术课程培养学生核心素养是重要的美育目标，也是全面提高学生艺术素养和创造能力的关键。

AI（人工智能）在小学信息科技课程中的应用与实践

课题负责人　贾雨时

一、AI 在教学资源中的应用

（一）智能化学习工具

AI 技术可以根据学生的个体差异和学习进度，提供个性化的学习资源和学习模式。通过分析学生的学习行为和表现，AI 可以推荐适合他们的教学材料、练习题和学习路径，帮助他们更有效地掌握信息科技知识。此外，AI 还能够为学生提供实时的反馈和指导，帮助他们及时发现和纠正错误，强化学习效果。

（二）虚拟实验和模拟环境

AI 为学生提供了虚拟实验和模拟环境，使他们能够在安全、无时空限制的环境中进行实践探索。通过使用 AI 技术，学生可以进行模拟的科学实验、计算机网络的搭建、电路的设计等，提升实践能力和问题解决能力。同时，AI 还可以模拟真实的场景和情境，让学生参与其中，培养他们的观察、推理和判断能力。

（三）智能辅助教学工具

AI 技术还可以用于开发智能辅助教学工具，例如智能辅助教学软件和机器人助教。这些工具可以与学生进行交互，提供答疑解惑、示范演示和个性化的学习支持。它们可以根据学生的学习表现和反馈，调整教学策略和内容，提供个性化的学习体验和帮助，增强学生的学习动力和自主学习能力。

（四）数据分析和学生评估

AI 技术能够帮助教师分析大量的学生学习数据，从中发现学生的学习模式、困难点和学习需求。通过 AI 的数据分析，教师可以更好地了解学生的学习情况，调整教学策略和教学内容，个性化地辅导和指导学生。同时，AI 还可以辅助进行对学生的学习评估和成绩分析，为教师提供数据支持，帮助他们更准确地评估学生的学习成果和进步情况。

总之，AI 在教学资源中的应用为小学信息科技课程提供了更多元化、个性化和具有实践性的学习资源。它能够根据学生的需求和特点，提供定制化的学习材料和学习路径，提高学生的学习兴趣和效果。通过虚拟实验和模拟环境，学生可以在安全和交互性强的环境中进行实践探索，培养实践能力和问题解决能力。智能辅助教学工具则为学生提供个性化的学习支持和指导，根据学生的学习表现和反馈，调整教学策略和内容，提供定制化的学习体验。

此外，AI 技术在数据分析和学生评估方面的应用也为教师提供了有效的工具和支持。通过对大量学生学习数据的分析，教师可以深入了解学生的学习情况、困难点和学习需求，从而更加精准地设计教学计划和进行指导。AI 技术能够辅助进行对学生的学习评估和成绩分析，为教师提供数据支持，帮助他们更全面地了解学生的学习成果和进步情况。

然而，在应用 AI 技术的过程中，教师需要充分了解和掌握 AI 工具和资源的使用方法，以确保其在教学中的正确应用。同时，教师也应引导学生正确理解和使用 AI 技术，培养他们的科技素养和创新思维能力。只有在教师和学生的共同努力下，AI 在小学信息科技课程中的应用才能真正发挥出其潜能，为学生提供优质的教育体验和学习机会。

二、AI 在编程教育中的应用

（一）可视化编程工具

AI 技术结合可视化编程工具，降低了编程学习的门槛，使学生能够以图形化的方式进行编程。这些工具通常提供直观的界面和拖拽式的编程模块，帮助学生理解编程概念，掌握编程逻辑，并激发他们的兴趣和创造力。通过可视化编程工具，学生能够快速上手编程，编制简单的程序，从而逐步提升编程能力。

（二）机器学习与人工智能编程

AI 在编程教育中的另一个重要应用是机器学习和人工智能编程。学生通过学习、实践机器学习算法和人工智能编程技术，可以了解和掌握数据分析、模式识别、预测分析等领域的基本概念和方法。这不仅培养了学生的数据分析能力和智能决策能力，还让他们体验到 AI 技术在实际问题中的应用，激发对科学探索和创新的兴趣。

（三）项目式学习与实践

AI 在编程教育中还可以通过项目式学习和实践活动来应用。学生可以参与一些有趣的 AI 项目，例如构建一个简单的聊天机器人、训练一个图像识别模型等。

这样的项目能够让学生亲身参与到实际的编程过程中，锻炼他们的问题解决能力、团队协作能力和创新能力。通过实践，学生能够更加深入地理解编程原理和应用，培养实践能力和创造力。

（四）编程教育辅助工具

AI 技术还可以用于开发编程教育辅助工具，为学生提供更好的学习支持和指导。例如，基于 AI 的自动化代码审查工具可以帮助学生发现并纠正他们的代码错误，提供实时的反馈和建议。同时，AI 还可以分析学生的学习数据，为教师提供学生的学习表现和进步情况的详细报告，帮助教师更好地了解学生的学习需求，个性化地辅导和指导学生。

综上所述，AI 在编程教育中的应用为学生提供了更丰富、更具实践性和个性化的学习体验。可视化编程工具降低了学习编程的门槛，帮助学生理解编程概念，激发学习兴趣和创造力。机器学习和人工智能编程则引导学生探索数据分析和智能决策的领域，培养数据思维和创新能力。项目式学习和实践活动使学生亲身参与到编程过程中，培养问题解决能力和团队合作能力。编程教育辅助工具则提供实时的反馈和指导，帮助学生纠正错误并进一步提升编程能力。

在应用 AI 技术进行编程教育时，需要注意以下几点。首先，教师应确保学生在使用 AI 工具时能够理解其背后的原理和算法，而不仅仅是机械地使用工具。其次，教师应关注学生创造性和批判性思维的培养，而不仅仅局限于掌握具体的编程技巧。此外，教师还应引导学生正确理解和应用 AI 技术，包括其在伦理和社会影响方面的问题，培养学生的科技素养和责任意识。

随着 AI 技术的不断发展和创新，其在小学信息科技课程中的应用将持续扩展。这将为学生提供更多学习机会和挑战，培养创新能力和适应未来科技发展的能力。同时，教师的专业发展也至关重要，教师需要不断学习和更新自己的知识和技能，以便更好地引导学生在 AI 时代获得全面的信息科技教育。

三、AI 对学生创造力培养的促进

（一）提供创意启发和激发

AI 技术可以通过大数据分析和模式识别，从海量的信息中发现新的关联和创意启示。它可以帮助学生发现新的问题和解决思路，激发他们的创造力和创新意识。通过与 AI 系统的互动，学生可以接触到不同领域的知识和创意，拓宽他们的思维边界，激发他们独特的创造力。

（二）提供创意工具和资源

AI 技术为学生提供了丰富的创意工具和资源，帮助他们在创造过程中获得支持和灵感。例如，AI 生成的艺术作品、音乐作品和文学作品可以作为学生创意的参考和借鉴，帮助他们拓展想象力和创意表达能力。此外，AI 技术还可以提供实时的反馈和评估，帮助学生改进和发展他们的创意作品。

（三）提供多元化的创意合作机会

AI 技术为学生提供了跨地域、跨文化的创意合作机会。学生可以通过互联网和 AI 平台与全球范围内的学生进行合作，共同探索并实现创意项目。这种跨学科、跨文化的合作能够激发学生的创意思维和创新能力，培养团队合作能力和跨文化交流的能力。

（四）提供实践和反馈机会

AI 技术可以模拟真实的情境和场景，让学生进行实践和实验，快速验证和迭代他们的创意想法。通过实际操作和反馈，学生可以不断调整和改进他们的创意作品，提高其质量和创造力。AI 还可以提供个性化的反馈和指导，帮助学生了解创意作品的优势和改进的空间，激发他们持续探索和创新的动力。

综上所述，AI 技术在学生创造力培养方面发挥着重要的促进作用。通过提供创意启发、创意工具和资源、创意合作机会以及实践和反馈机会，帮助学生培养开放的思维方式、多元化的创意表达能力和解决问题的方法。AI 技术的应用让学生能够在创造过程中更加自由地探索和尝试，从而培养他们的创意思维和创新能力。

然而，在利用 AI 培养学生创造力时，也需要注意以下几点。首先，教育者和教师需要引导学生正确理解和应用 AI 技术，明确 AI 工具和资源的辅助作用，而不是完全依赖于它们。学生需要明白 AI 只是工具和媒介，真正的创意和创新来自于个人的思考和努力。其次，教育者和教师应注重培养学生的批判性思维和判断力，引导他们对 AI 生成的内容进行评估和选择，避免盲目接受和复制他人的创意。最后，教育者和教师应营造积极的学习环境，鼓励学生表达和分享自己的创意，提供充分的支持和反馈，帮助他们不断成长和发展。

总的来说，AI 技术在学生创造力培养中发挥着积极的促进作用。通过提供创意启发、创意工具和资源、创意合作机会以及实践和反馈机会，帮助学生发挥创造力、拓展想象力并将其创意转化为实际作品。教育者和教师应充分利用 AI 技术培养学生的创造力、创新思维和解决问题的能力，为他们的未来发展打下坚实的基础。

四、结论

AI 在小学信息科技课程中的应用具有巨大的潜力和影响力。首先，AI 在教学资源中的应用丰富了学习内容，提供了个性化和实践性的学习体验，促进了学生的主动参与和深度理解。其次，AI 在编程教育中的应用为学生提供了更直观、更具有交互性和创意性的编程学习工具，培养了他们的编程思维和解决问题的能力。最重要的是，AI 技术对学生创造力的培养起到了积极的促进作用，通过提供创意启发、创意工具和资源、创意合作机会以及实践和反馈机会，激发学生的创造力和创新能力。

然而，在应用 AI 促进学生创造力培养时，教育者和教师需要起到重要的指导和监督作用。学生应理解 AI 技术的辅助作用，明确创意和创新的核心在于个人思考和努力。教育者和教师应注重培养学生的批判性思维和判断力，引导他们评估和选择 AI 生成的内容。创意的表达和分享需要积极的学习环境和支持，教师应鼓励学生展示和发展自己的创造力。

综上所述，AI 在小学信息科技课程中的应用以及对学生创造力培养具有重要意义。通过充分利用 AI 技术的优势和资源，教育者和教师能够帮助学生在教学资源、编程教育和创造力培养方面获得全面发展。在不断发展和创新的 AI 时代，教育者和教师的专业发展至关重要，教师需要不断学习和更新知识和技能，以便更好地引导学生在信息科技方面迈向成功的未来。

信息科技如何进行跨学科融合

课题负责人　李思晗

一、为什么要进行信息科技跨学科融合教学

1. 跨学科融合教学强调以单一学科为中心，对多个学科进行综合规划、实施和评估，从而提高学生的问题解决能力和综合素养。

2. 跨学科融合教学可以弥补学校分科教学的不足。目前，学校的教学大多是分科教学，各科都有着自己的知识体系，而学生的生活是完整的，如果继续按照以前的分科教学来实施，学生很难学习和应用学科知识，在现实生活中，一旦需要学以致用，学生就会感觉无从下手。

3. 在今天的中国，教育强调要培养学生综合运用不同学科的知识分析和解决实际问题的能力，提高学生的综合素质，发展学生的基本素养。跨学科教学培养了创新型人才，培养了学生进入未来社会生活和参与创新实践的能力。旧的教学概念包括先学后做，而跨学科教学则是将创新实践引入学生参与的教学阶段。跨学科教学的目标是激发学生主动学习，这对学生未来的创新能力至关重要。

二、综合性课程的教学对学生建立一个全面的思想体系非常重要

在当今的课程设置中，逐步消除课程之间的界限是教育改革的一个重要方向，也是教育现代化和信息化的重要体现。可见，学科整合已经成为促进学生全面发展的重要途径。信息科技课程内容丰富，可以与不同的学科进行有效整合。目前小学的信息科技课程通常包含几个方面，其中既有创新和自我实践，也有审美鉴赏等情感表达，这些内容在其他课程中也可以找到。这表明，信息科技学科与其他学科之间存在着许多联系。因此，信息科技与其他学科的跨学科整合，不仅可以培养学生的基本信息素养和信息意识，还可以使他们在其他学科中更好地运用信息技术。

三、信息科技实现跨学科融合策略

1. 为了连接不同的学科和教学内容，教师需要正确理解学科融合，而不是对

不同学科简单进行加法。例如信息科技加艺术或信息科技加科学，这些简单、重叠的课程需要教师有意识地在信息科技与其他学科之间、信息科技学习与学生生活之间建立内在联系，使学生在掌握信息科技课程的核心特征的同时，能够整合并能应用与学习。

2. 提高教师的专业技能，促进学科的有效整合。教师应参加相关培训课程，多参加研讨会，各学科教师共同备课。既然是跨学科整合教学，就应该和不同学科的老师一起备课，备课时要相互讨论，开拓思路。教师在进行研讨时应结合课标，不要为了跨而跨。教师在进行课程设计时，也应尽量开发跨学科的任务，使学生的任务更适合教学，有效减轻学生的课业负担，更好地落实"双减"政策。

3. 跨学科融合教学要配合学生学习方式的转变，需要进行合作学习、探究学习。教师要科学地搭建学习小组，明确合作探究的目标，根据实际情况，结合学生情况制定目标，并在具体开展前确保学生清楚目标，并及时对小组合作成果进行有效评价，教师也可以以平等的身份参与讨论、启发，但不可以代替学生思考，这样才能更好地培养学生的创新精神和合作解决问题的能力。

4. 信息科技课程是多元文化和技能的有机结合体，其不仅要求学生掌握相关的信息科技的理论知识，而且要求学生掌握操作、应用等方面的专业技能。这也对信息科技教师提出了更严格的要求，教师必须拥有扎实的专业知识和教学能力，可以为学生讲解相关信息科技内容，使学生实现综合发展，提升学生的综合素养。

四、信息科技与常规学科融合体现

（一）信息科技与语文相融合

随着教育改革的不断深化，教育逐渐体现出人文性的特点。事实证明，将信息科技与语文学科有效融合能够锻炼学生的表现能力，增强信息科技的人文性，信息科技与语文之间存在一定的关联，学习信息科技知识可以帮助学生更好地掌握语文的教学内容，如设计画图作品时学生的设计思路可以与语文中的写作相结合。

（二）信息科技与劳动技术相融合

在现如今的时代背景之下，信息科技在教学过程中的应用日渐广泛，而劳动技术课程的根本目的在于提高学生的动手能力，因此学生在学习与创作过程中也能不断提高实践能力，用信息科技将劳动学科中实践性活动成果以另一种形式展现出来，不仅体现两个学科之间的契合性，也能保证学生的学习效果，所以说信息科技学科与劳动学科的有效结合对于提高学生的创新意识和创造力有着重要的作用，这也要求教师要在教学过程中时刻树立创新理念。

（三）信息科技与科学相融合

科学课可以给予信息科技课丰富的表现素材，信息科技中画图软件的学习与科学联系密切。例如，三年级学生创作绘画作品时，可以充分结合科学课中种植植物、观察植物生长的相关知识。通过电脑画图，学生能够及时巩固所学的科学课知识，也可以将其用另一种形式展示出来。

（四）信息科技与美术相融合

信息科技与美术的融合对于辅助学生对比现实与虚拟有很大帮助，对于促进学生的长远发展也有着重要意义。信息科技要求学生掌握电脑绘画技巧以及办公软件的使用方法等，学生不仅需要具备美术中审美鉴赏能力，还需具备动手操作能力，具备将文字图画进行合理排版的操作技术。因此，这两个学科的融合可以锻炼学生审美能力以及信息技术的应用能力。

"跟着节日去探究——中秋节"
学科融合实践活动

课题负责人　于凯旋

《义务教育课程方案（2022年版）》提出了跨学科主题活动，旨在加强学科间的联系，带动课程综合化实施，强化实践性要求。跨学科主题教学是指以一门学科为中心，在这个学科中选取一个中心主题，围绕该中心主题，运用不同学科的知识和方法，开展为所指向的共同问题进行讨论和解决而设计的教学活动。

一、确定主题　激发兴趣

主题的确定是进行跨学科主题教学设计的起点；主题还是跨学科课程整合的桥梁。主题的选择要根据学科课程标准，结合学校发展特色和地方资源，参考学生学习兴趣、生活经验以及学生已有的知识和能力，将学科与生活、学科与学科进行有效结合。

2021年，教育部印发的《中华优秀传统文化进中小学课程教材指南》特别强调，传统文化课程需要结合学科特点进行整体设计。而《义务教育语文课程标准（2022年版）》中关于课程内容也确定了中华优秀传统文化的主题。

可见，优秀传统文化在小学教育中有着重要的价值。所以确立了"跟着节日去探究——中秋节"这一主题，旨在以中秋节为载体，架设学生与知识的桥梁，畅通学科与生活的通道，在对中秋节这一传统节日的来历、传统习俗活动的深入挖掘中激发学生浓厚的兴趣。

二、对接课标　明确方向

跨学科教学要坚持学科立场，以学科知识为基础，尤其要以学科核心知识和思想方法为主干，运用和整合其他学科的相关知识和方法，围绕一个中心主题、任务、项目或问题，开展学习活动，发展学生的跨学科核心素养。

《义务教育语文课程标准（2022年版）》提出了跨学科学习任务群，主张从学生生活实际出发，创设情境，促进学生进行自主、合作、探究学习，充分发挥跨学科学习的整体育人功能。《义务教育数学课程标准（2022年版）》也提出在课程内容呈现上要注重数学知识与方法的层次性和多样性，适当考虑跨学科主题学习。

中秋节是我国传统节日，有着深厚的文化底蕴和历史意义。"跟着节日去探究——中秋节"的跨学科主题教学，不仅包含语文、数学学科，还涉及与主题内容相关的其他学科领域。

"跟着节日去探究——中秋节"将"月饼"作为切入点，在小学生实践体验中融合多学科知识与技能，培养小学生人文底蕴、学会生存、健康生活等核心素养。同时，该主题教学着力培养具体的学科核心素养：语文学科的语言运用、文化自信、思维能力、审美创造等；数学学科的空间意识、应用意识等；道德与法治学科的家国情怀、道德修养等；劳动学科的劳动能力、劳动精神等；艺术学科的创意实践、文化理解等……

将上述学科核心素养进行整合，可以将教学目标确定为：了解中秋节的相关知识；在实践体验中学会制作月饼及月饼包装盒等劳动技能；在活动实践中提高空间意识和应用意识；运用美术学科知识，对中秋节相关物品进行创意制作；在活动过程中形成正确的价值观念，如家国情怀、文化自信等。

三、基于主题　分解任务

跨学科主题教学以学习任务为动力激发机制，转变"老师讲、学生听"的习惯性教学形态，探索任务型、项目化、主题式和问题解决类等综合教学方式，更多地体现在做中学、悟中学、用中学、创中学，在学习过程中落实育人方式改革。

任务驱动能够帮助教师进行知识整合和教学设计，有利于学生从全面的角度看待问题、提出问题、思考问题、解决问题，在学习过程中建构跨学科的知识、掌握多种技能方法，有助于学生思维能力的培养。

在"跟着节日去探究——中秋节"跨学科主题教学活动设计中，着力整合中秋节相关知识，将语文、数学与多个学科进行结合，指向学生的核心素养，按照"学习—实践—创新"三步走，由易到难，将任务进行分解。

1. 竞赛活动学习知识。

学生是学习的主体，课堂教学始终要围绕学生活动来展开。跨学科主题教学设计的第一项任务应该面向全体学生，设置较低的难度，激发学生的学习兴趣。

让学生在课前搜集中秋节的相关知识以及关于中秋节的诗词，在班上举办竞赛，采用小组合作的形式，由各个小组推选三名代表参加竞赛和诗词大会，有利于促进学生主动积累中秋节相关知识，提升学生的语言运用能力和思维能力。

2. 亲身体验实践感受。

跨学科主题教学强调学科融合，并将语文课和劳动课相结合，让学生参加制作月饼的实践活动；采用教师讲授和学生实践相结合的形式，给学生布置关于制作月饼的日记作业，让学生在做中学、在学中做，培养学生的劳动能力和语言表达能力。

数学课与美术课相结合，制作完月饼后为月饼制作包装盒，运用数学所学的《包装中的数学问题》，解决了月饼包装这个生活中的实际问题，进一步提高学生的空间意识和应用意识。随后，在纸盒上进行绘画，设计美观的月饼包装盒，进一步提升学生的艺术素养。

跨学科主题学习注重学科之间的联系，并沿着综合育人和实践育人的路径，挖掘中秋节与各学科的密切联系。为此，教师引导学生积极参与、主动参与、人人参与，可以选择自己最擅长的一项参与，也可以参与到创意实践活动之中，提升自己的核心素养，真正做到融合育人。

3. 作品展示创新发展。

通过前面的活动设计，学生已经对中秋节有了一个比较全面的认识和了解。为了拓宽学生的知识面，鼓励学生小组合作分析、比较中秋节与其他传统节日的异同，通过利用思维导图设计海报、图画等，切实提高学生的综合素质。

四、多元评价 总结反思

基于核心素养的教学评价，旨在激发学生的学习兴趣与主动学习的意愿，引导学生主动、积极参与到学习活动之中，促进学生综合素养的提升。因此，评价主体要多元，评价内容与方式应围绕学生的学科素养、思维能力、创新精神、团队合作能力展开。

1. 多元评价，重视过程发展。

教学评价贯穿整个学习过程。制定科学、合理的评价方案，明确每部分的评价要求，并通过学生的活动记录表、教师的观察与指导记录、实践成果来进行评价。不仅要对学习内容进行评价，还要对学习态度、小组合作、情感等方面进行评价。

在"跟着节日去探究——中秋节"中，评价内容包括学生资料搜集成果、竞赛成绩、制作月饼实践成果、包装盒的设计制作、团队协作、情感观念等方面。

2. 总结反思，强调持续跟进。

跨学科主题教学的开展，凸显了跨学科教学的优势。教师可通过跨学科主题教学活动的设计，转变原有教育观念，以学生核心素养为导向，整合跨学科知识，关注学习兴趣和身心发展特点，让学生在情境体验中学习、思考，培养综合素质。

在"跟着节日去探究——中秋节"跨学科主题教学设计过程中，笔者立足学生的核心素养，挖掘中秋节背后的教育价值，从学生的教材、生活出发，明确主题教学目标，指向学生的核心素养，彰显出课程整体育人的价值。

在中秋节的主题教学活动中，学生能够获取书本以外的知识，深入了解中国优秀的传统文化。在完成任务过程中，学生的思维能力、动手能力、创新能力等得到了培养。在主题学习结束之后，学生对其他传统节日文化也产生了浓厚的兴趣，有力地激发了学生的内在学习动机，进而为下一次跨学科主题教学活动做了有力的铺垫。